Språkliga intyg om
hednisk gudatro i Sverige

Magnus Fredrik Lundgren

Språkliga intyg om
hednisk gudatro i Sverige

Språkliga intyg om hednisk gudatro i Sverige
Magnus Fredrik Lundgren
ISBN 9788743028192
© 2020 www.hemskringla.no
Forlag: BoD – Books on Demand, København, Danmark
Tryk: BoD – Books on Demand, Norderstedt, Tyskland

Oprindelig titel: Språkliga intyg om hednisk gudatro i Sverge
Første udgave: 1878
Genudgivelse 2020
Heimskringla Reprint

Ansvh. red.: Carsten Lyngdrup Madsen
Layout: Carsten Lyngdrup Madsen
Omslagsgrafik og vignet: Jonas Lau Markussen
www.heimskringla.no

Innehåll

Förord

A tt svenska folkets religiösa föreställningar under hedna tiden i de stora hufvuddragen stämt öfverens med dem, som man träffar i de gamla sånger och sägner, som under 13:de århundradet upptecknades på Island, kan betraktas som en bevisad sak. Svårare är att afgöra, i hvad mån dessa uppteckningar i enskildheter gifva ett riktigt uttryck åt den gamla gudatron i norden, särskildt utom Norge och Island. Den nyare vetenskapen har ock med ifver vändt sig till de öfriga källor, ur hvilka kännedom om dessa förhållanden låter hämta sig. Bland dem intaga vid sidan af forntida afbildningar, ännu fortlefvande folktro m.m. de minnen, som de gamla föreställningarna lemnat efter sig i språket, en framstående plats, liksom öfver hufvud ovärderliga bidrag till kännedomen om en bortom den egentliga historien liggande tids kultur finnas att hämta ur språket. Vigtiga samlingar af sådana svenska ord och uttryck, som innebära upplysningar för mytologien, hafva redan blifvit gjorda af Geijer, Säve (i hans inträdesföreläsning), Hyltén-Cavallius m.fl. Emellertid har en fullständigare samling af dylika och i synnerhet en kritisk behandling af de talrika med gudanamn sammansatta ort- och person-namnen synts mig önsklig såsom ett bidrag till lösningen af mytologiska tvistefrågor och öfver hufvud till kännedomen om vårt folks forntid.

Jag har i denna afhandling, hvars syfte är det nu antydda, uteslutande hållit mig till de språkliga spåren af den egentliga åsa-tron med förbigående af andra mytiska föreställningar.

För ett dylikt arbete är naturligtvis den största möjliga fullständighet önsklig, i synnerhet för den äldre tidens räkning. Jag har särskildt sökt fullständigt samla hithörande runstungna personnamn samt medeltidsformer af ortnamn. Hvad nyare ortnamn angår, har jag genomgått postortlexikonet samt antecknat dem, som jag eljest träffat på, och som synts mig af vigt, men med tanke på de starka förändringar, som särskildt denna klass af ord är underkastad, och den ringa beviskraft dylika, då fornformer saknas, därför äga, har jag här ej eftersträfvat absolut fullständighet. Mycket osäkra uttryck, ur hvilka ingen verklig vinst för mitt närvarande syftemäl syntes vara att vinna, har jag ofta, för att ej onödigt upptaga utrymme, utan vidare förbigått. — För öfrigt vågar jag ej hoppas att så grundligt ha uttömt det på vidt skilda håll spridda materialet, att ej ganska mycket kan vara att ytterligare tillägga.

Jag har i min undersökning indragit såväl de gamla norska och danska landskap, som nu utgöra beståndsdelar af Sverge, som ock de af svenskar bebodda trakterna på andra sidan Östersjön, likväl alltid med uttryckligt angifvande af hemorten för därifrån hämtade ord och namn.

Vid uppställande af grundformer för anförda personnamn har jag följt det vanliga skrifsättet i vår älsta skriftliga urkund, äldre Vestgötalagen. — Inom parentes satta siffror ange det år, från hvilket en form härrör. Vid utsättande af årtal för ortnamn förekommande hos Styffe, Skandinavien under Unionstiden, har jag i allmänhet citerat detta arbete, äfven där äldre former funnits, så framt ej dessa på något sätt visat sig anmärkningsvärda.

Såsom ett fullständigande af ifrågavarande arbete hoppas jag längre fram blifva i tillfälle att särskildt behandla här på grund af afhandlingens plan ej upptagna svenska personnamn, som sammanhänga med hvarjehanda gamla religiösa föreställningar, samt ortnamn, som utan att vara sammansatta med gudanamn, utmärka forntida gudstjänstplatser. Till dessa arbeten har jag redan till stor del samlingarna gjorda.

Slutligen har jag att uttala min tacksägelse till alla dem, som lemnat mig upplysningar och bistånd vid denna afhandlings utarbetande. De hufvudsakliga källorna för ifrågavarande afhandling äro:

Aasen: Norsk Ordbog . . . af I. Aasen. Christ. 1873.

Afzelius: Svenska Folkets Sago-Häfder . . . af Arv. Aug. Afzelius.

Arwidsson: Svenska Fornsånger . . . utg. af A. I. Arwidsson. Stockh. 1834-42.

AT: Antiqvarisk Tidskrift för Sverige.

B.: Bautil . . . utg. af J. Göranson. Stockh. 1750.

Bergström: Bidrag till en etymologisk granskning af Södermanlands ortnamn. Akad. afh . . . af J. G. L. Bergström, Ups. 1875.

Bugge, Rökst.: Tolkning af runeindskriften på Rökstenen i Östergötland . . . af S. Bugge. I AT V,1.

C. Bldst och

C. Bur.: Codex Bildstenianus och Bureanus i Ett fornsvenskt Legendarium . . . (utg.) af G. Stephens (i Sv. Fornskrifts. Saml.)

Cl. Vigf.: An icelandic-english Dictionary . . . by G. Vigfusson. Oxford 1874.

D. Dal.: Diplomatarium Dalekarlicum. I utg. af C. G. Kröningsvärd och J. Lidén, Stockh. 1842; II utg. af C. G. Kröningsvärd, Fahlun 1844.

DFÅ: Dalarnes Fornminnesförenings Årsskrift.

Diet: Runen-Sprach-Schatz . . . v. U. W. Dieterich. Stockh. & Leipz. 1844.

DS: Diplomatarium Svecanum . . . ed. J. G. Liljegren. I, II Holm. 1829, 1839. III-V. B. E. Hildebrand Holm 1842-65.

Dyb.: Sverikes Runurkunder . . . af Richard Dybeck.

Falkm.: Ortnamnen i Skåne, etymologiskt försök af A. Falkman, Lund 1877.

Freudenth.: Om nyländska mans- och kvinnonamn under Medeltiden . . . af A. O. Freudenthal, Helsingf. 1877.

Freudenth., Eg. Finl. ortn.: Om svenska ortnamn i egentliga Finland . . . af A. O. Freudenthal, Helsingf. 1867.

Freudenth., Nyl. ortn.: Om svenska ortnamn i Nyland . . . af A. O. Freudenthal.

Freudenth., Ål. ortn.: Om Ålands ortn. . . . af A. O. Freudenthal.

Förstem.: Altdeutsches Namenbuch I (Personennamen) Nordhausen 1856.

Geijer citeras efter den sist utkomna upplagan af Samlade Skrifter.

Grimm: Deutsche Mythologie von Jacob Grimm; Zweite ausgabe, Göttingen 1844.

Hofberg: Nerikes Gamla Minnen af H. Hofberg, Örebro 1868.

Holmberg: Bohusläns Historia och Beskrifning . . . af A. E. Holmberg. Andra upplagan. Örebro 1867.

H. Peters.: Om Nordboernes Gudedyrkelse og Gudetro i Hedenold . . . af Henry Petersen, Kjøbenh. 1876.

Hyltén-Cav.: Wärend och Wirdarne . . . af G. O. Hyltén-Cavallius. Stockh. 1863-68.

L.: Run-Urkunder utg. af J. G. Liljegren. Stockh. 1833.

Lignell: Beskrifning öfver Grefskapet Dal af And. Lignell. Stockh. 1851, 52.

Mannhardt: Die Götterwelt der deutschen und nordischen Völker . . . von W. Mannhardt. I. Berlin 1860.

Med. Bib.: Svenska Medeltidens Bibelarbeten . . . utg. af G. E. Klemming (i Sv. Fornskrifts. Saml.)

Munch: Om Betydningen af vore Nationale Navne. I Samlede Afhandlinger, utg. af Dr. G. Storm, IV, Christ. 1876.

POL: Postortlexikon, Stockh. 1872.

Rdq.: Svenska Språkets Lagar . . . af J. E. Rydqvist.

Rietz: Svenskt Dialekt-Lexicon af J. E. Rietz . . . I, II. Malmö 1867.

Runa: Runa . . . utg. af Richard Dybeck, Stockh. 1842-50.

Russw.: Eibofolke oder die Schweden an den Küsten Ehstlands und auf Runö . . von C. Russwurm. Reval 1855.

Rääf: Samlingar och Anteckningar till en beskrifning öfver Ydre härad i Östergötland . . . af L. F. Rääf. I Linköp. 1856, II Örebro 1859.

Saxo: Saxonis Grammatici Historia Danica. rec. Dr. P. E. Müller. Havn. 1839.

Sidenbladh: Sveriges härads- och sockennamn . . . af E. Sidenbladh. 2:dra uppl. Stockh. 1873.

Silfverst. D.: Svenskt Diplomatarium från och med år 1401 . . . utg. af C. Silfverstolpe. Stockh. 1875-76.

Snorra-eddan citeras efter den af Þorleifr Jónsson 1875 i Kph. utg. uppl.

SRP: Svenska Riks-Archivets Pergamentsbref från och med år 1351-1400. Stockh. 1866-72.

Styffe: Skandinavien under Unionstiden . . . af C. G. Styffe. Stockh. 1867.

Säve: Gotländska Runinskrifter i Gutniska Urkunder . . . Akad. Afh. af C. Säve . . . Upsala 1854.

Säve, gudan.: Om de Nordiska Gudanamnens Betydelse. — I Fyra Inträdesföreläsningar, Ups. 1860.

T., Torin: Westergötlands Runinskrifter samlade af Karl Torin (i Westergötl. Fornm. Tidskr.)

TCK: Topografiska Corpsens karta öfver Sverige.

Tuneld: Erik Tunelds Geografi öfver Konungariket Sverige. Åttonde uppl. Stockh. 1827 f.

UFT: Uplands Fornminnesförenings Tidskrift Stockh. 1871 f.

Vald. Jordeb.: Liber census Daniæ. Kong Waldemar den andens jordebog, udg. af O. Nielsen. Købh. 1873.

WFÅ: Westmanlands Fornminnesförenings Årsskrift.

W., Worm: O. Wormii Monumenta Danica.

ÖFT: Östergötlands Fornminnesförenings Tidskrift.

Sveriges Gamla Lagar citeras efter Schlyters upplaga under vanligen brukade förkortningar.

Öfriga, mera sällan nyttjade källor har jag, såsom jag hoppas, tillräckligt tydligt angifvit i det följande.

Vid uppräknande af ortnamn nämnas de svenska landskapen i följande ordning (inom parentes angifvas de här brukade förkortningarna):

Upland (Upl.), Södermanland (Sdm.), Nerike (Ner.), Vestmanland (Vml.), Dalarne (Dal.), Gestrikland (Gestr.), Helsingland (Hels.), Medelpad (Medelp.), Ångermanland (Ångml.), Vesterbotten (Vb.), Jämtland (Jämtl.), Härjedalen (Härjed.), Värmland (Värm.), Dalsland (Dalsl.), Vestergötland (Vg.), Östergötland (Ög.), Småland (Sm.), Öland (Öl.), K. efter Sm. utmärker den till Kalmar län hörande delen af Småland, Gotland (Gotl.), Blekinge (Bl.), Skåne (Sk.), Halland (Hall.), Bohuslän (Bohusl.)

Därpå följa Finland (Finl.) och de af svenskar bebodda trakterna i Estland (Estsv.)

Med samma förkortningar med liten begynnelsebokstaf angifves ett landskaps dialekt.

Af öfriga förkortningar torde följande behöfva särskildt förklaras:

a. a. = anfördt arbete
afskr. = afskrift
ags. = anglosaxiska
a. st. = anfördt ställe
da. = danska
dial. = dialekt, dialektisk
fht = fornhögtyska
fno. = fornnorska
fsv. = fornsvenska
fty. = forntyska

got = gotiska
här. = härad
isl. = isländska (fornisländska)
n. = namn (i sammansättningar såsom mansn., ortn. m.m.)
no = norska
reg. = register
s. = sida
s. (efter ortn.) = socken
spr. = språk
sv. = svenska
ty. = tyska

I. Gudarne i allmänhet

Gud

Detta ord, fsv. *guþ*, i några enstaka fall *goþ*,[1] som altsedan kristendomens införande användts för att beteckna det högsta väsendet, stammar från urminnes heden tid. Detta framgår redan af öfverensstämmelsen med öfriga germanska språk, hvilka samtliga äga motsvarighet härtill. Af ålder var ordet neutr. i likhet med med flere andra, i isl. förekommande hedniska uttryck för de högsta makterna såsom *regin, råð, bönd, höpt*; användt i kristen mening blef det mask. En antydan om dess forna kön och därmed ock om dess hedniska ursprung fins dock däri, att det sv. ordet lika litet som det isl. *guð* erhöll det mask. nom. märket. Det ursprungliga könet kvarstod dessutom i det äldre språket stundom, då fråga var om hednisk gud, såsom synes af pl. *haiþin guþ*, Guta Saga I; såsom neutr. användes ock *afguþ* (Rdq. II, 107). Leffler har i "Hedniska edsformulär i äldre Vestgötalagen" visat, att i de på flere ställen i denna lag förekommande uttrycken *sva se mœr gud hull* och *biþia sva sœr guþ hull* adj. är att fatta såsom neutr. pl., och att dessa formulär — naturligtvis på nytt sätt uppfattade — måste hafva till ordalydelsen bibehållits från den tid, då de hedniska gudamakterna anropades såsom vittnen vid eders afläggande. En på likartadt sätt från heden tid kvarstående stelnad pl. form har man utan tvifvel äfven att med Leffler finna i det på några sv. runstenar

---

[1] Dessa äro: **koþ** L. 379, (UFT), hvarest äfven gen. **kos moþir** förekommer, L. 461 (UFT) och 507 (Dyb.) samt Säve 41; **kos** (ack.) Säve 38. Alla dessa runstenar äro från kristen tid; äfven i isl. kunde den äldre formen **goð** användas om de kristnes gud, Cl. Vigf. 208.

förekommande **kuþ hialbin** samt beslägtade uttryck, hvarest verbets form enklast låter förklara sig såsom 3 pers. pl. konj. (se Bugge, Rökst. s. 25, 145).

I tyska språk förekommer mot *guþ* svarande ord ej sällan som första led i sammansatta personnamn. Ett på samma sätt bildadt fsv. namn är **goisl** (för *Goþgisl*; så Bugge, Rökst. 68) Dyb. I, 235. Hit hör ock kvinnonamnet **koþlauk**; L. 821 äfvensom **golauk** L. 1551 (enligt UFT); jfr isl. *Áslaug, Þorlaug*. Ett tredje dylikt namn är *Gormer* (för *Goþormr* liksom *Rolver*, isl. *Hrólfr* för *Hroþulfr* m.m.): **kurms** (gen.) på den skånska stenen L. 1442.[1] Namnet ingår ock i ortnamnet *Gormsthorp* DS III (1314), nu Gårdstorp, Qvibille, Hall. SRP nämnes en *Peter Gormœson* (1354); i detta namn ingår möjligen en svag form *Gormi*. — I alla dessa namn ingår den äldre formen *goþ*. — Möjligen har man att se den osammandragna formen af namnet *Gorm* i det i medeltidsurkunder ej ovanliga *Guthormer*, latin. *Guthormus, Guthermus*. Det beror på hvad ljud *th* här skall beteckna. Sådana skrifsätt som *Gudthormus* DS III, 94, *Gudhthormus* III, 145 synas tala för spirant; å andra sidan förekommer dock *Gutormus* III, 464, *Guttormer* V, 587 (alt i orig. från 1300-talet). I fno. och isl. skrifves namnet ofta med det här eljest ovanliga *th*. Betecknar detta *th* tenuis *t*, torde ordet vara af främmande ursprung (jfr för öfrigt Munch, Saml. Afhandl. IV, 88). — Säkerligen ingår däremot *goþ, guþ* i den med *Gorm* närbeslägtade namnformen *Gozormbir* SRP n. 2675, *Gudhsormber* n. 2665, latin. *Gozhormus* DS III, 100.[2] — *Guþ* måste ock ingå i mansnamnet *Guþi: Gudhi* SRP n. 1808, 2856, latin. *Gudho* DS V; hit hör väl ock *Gothi* DS III, 88; namnet är väl ursprungligen samma ord som den isl. titeln *goði*. En sammansättning med *guþ* är vidare sannolikt *Guþir: Gudhir* SRP n. 693, *Gudthir* n. 416, *Gudher* n. 2107, *Guther* n. 289, latin. *Gudirus* DS II, 418, *Gutherus* IV, 611, *Gudherus* SRP n. 1715; väl ock *Godher* n. 2219. Gen. häraf ingår bl. a. i det gamla namnet på Göinge härad i Sk. *Gothesbo* (1085), *Guthæsbo-*

---

[1] Äfven på den vestg. stenen 1384 läser L. **kurm** (ack.), men enligt Torin har inskriften **kirm**.

[2] Med afseende på förra ledens gen.-form kan man jämföra sådana fty. namn som *Coteshelm, Cotesthiu* m, fl. hos Förstem.

hœreth m.m. (se Falkm. 131). Namnet är bildadt på samma sätt som isl. *Egðir*, *Hamðir*; jfr fty. *Gotadeo, Cotadiu*, Förstem. Äfven i en mängd andra fsv. personn. ingår *guþ-* som första led. Sådana äro *Guþ- biorn* (*Gudbernus* DS III), *-brander* (*Gudhbrander* SRP n. 2136), *-faster* (*Guduastus* DS III), *-hvater* (*Gudvater* DS III), *-lever* (*Gudlevus* DS III; jfr *Gudlavus* V), *-lögh* (**kuþlauk** L. 1291), *-lögher* (*Gudloghus* DS V), *-mar* (*Gudmarus* DS II, 683), *-munder* (vanligt) *-niuter* (**kuþniutr** L. 1068 enligt Bugge, Forsaringen 37), *-riker* (*Gudriccus* DS III), *-run* (**kuþrun** L. 874), *-sten* (*Gudstanus* DS III), *-særker* (*Gudsercus* DS IV), *-ulver* (*Gudhulphus* DS III), *-var* (**kuþvar**, kvinnon., L. 1393), *-vi* (*Gudvia* DS IV), *-örn* (**kuþurn** L. 1134).[1] — Enligt Munch a. a. 86 skulle dylika namn kunna sammanhänga med det isl. fem. *guþr, gunnr* strid. På nord. ståndpunkt är det dock eljest blott framför *r*, som *n* i ljudförbindelsen *nþ* plägar bortfalla, hvadan, med undantag för de namn, hvilkas sista led börjar med *r*, detta antagande synes mindre sannolikt. I några fall skulle emellertid möjligen efterbildning af ags. namn på *Guð-* (strid) vara tänkbar. — Öfverhufvud äro dessa namn, ehuru säkert i allmänhet bildade under heden tid, här af mera underordnadt intresse, då *guþ* ej är något uteslutande hedniskt ord.

Äfven i ortnamn förekommer *gud-*. Det ligger här närmast att tänka på sammansättning med ordet *guþ*; men det är vanligen svårt att afgöra, om dessa namn ej äro från kristen tid. Af hedniskt ursprung äro sannolikt *Gudzio* SRP (1399), nu Gusjö, Fläckebo, Wml., *Gusjön* eller Gudsken(?), Transtrand, Dal. (DFÅ), *Gudwijka*, Grangärde, Dal. (D. Dal.), *Gudsiös*, Sm., DS III (afskr.) samt *Gudsjö*, Högby, Öl.; sjöar uppkallade efter hedniska gudar förekomma, såsom af det följande synes, flerestädes. Här må ock nämnas Gullmarsfjorden, Bohusl., som i Sverres saga omtalas under formen *Goðmarr*. — Gudhem i Vg., enligt VGL fordom ett af Upsala öds gods, efter hvilket ett härad uppkallats, har kanske sitt namn från heden tid; klostret byggdes möjligen på platsen för ett gammalt hedniskt tempel, måhända detsamma, på hvilket Jomsvikinga saga syftar med

---

[1] Flere ex. skulle i allmänhet för hvarje namn kunna anföras.

sin troligen öfverdrifna, men väl ej alldeles grundlösa berättelse om det mest ansedda gudahofvet i Gautland vid namn *Goðheimr*, med 100 gudabilder.

I åtskilliga ortn. ingår formen *guþa-*. Det kan sättas i fråga, huruvida man häri bör se gen. pl. af *guþ* eller gen. af ett härur bildadt *guþi*, vare sig det nyss behandlade nomen propr. eller ett appellat., som motsvarar det isl. *goði* och det på da. runstenar förekommande **kuþi**; i dessa senare fall skulle dylika ortn. endast medelbart innehålla *guþ*. Det förra anser jag vara fallet i *Algudavi* DS I, 460 (1272) m.m. (skrifvet *Algothawi, Algudhavi, Algudhui* DS V; alla dessa former från 1345), nu Alguvi, Kaga, Ög. Likaså i *Alguthœ os* Vald. Jordeb. s. 60, gräns mellan Tönnersjö här. i Hall. och Sm.[1] — Däremot kan jag ej afgöra förhållandet i *Gudhaby* DS III (1323), Värmdö, Upl.; *Gudastom* D. Dal., nu Gunsta, Romfertuna, Vml.; *Guþabodhom* DS V (1346), i den forna Ighulsryd s. Vg.; *Gwdhathoorph* a. a. III (1311), gård under biskopen i Linköping; *Guthagarthom* II, 187 (1295); samt *Gudesta*, nu Guddestad, ö. Sallerup, Sk. (Falkm.). — På grund af senare sammansättningsleden är jag mest benägen att se gen. af *guþi* (eller *Guþi*) i *Guthœlef* s. Styffe (1354), nu Gualöf, och *Gudebygget*, Örkelljunga (Falkm.), båda i Sk. — I *Liuthguthuwi*[2] s. DS II, 152 (1293; äfven *Lyþguþawi* III, 152 från början af 1300-talet, *Lwdgodewi* IV, *Lydgudhaui* V, odat, men "ej senare än 1350", *Ludgudavi* Styffe, 1435), nu Ludgo, Sdm., äfvensom i *Lyuthgudhœreth* Vald. Jordeb. (*Lythgota* DS V för 1341, *Luthguda* Styffe för 1387; ännu flere former hos Falkm.), nu Luggude här., Sk., ingår uppenbart ett *liuþguþi*, antingen en titel, "folk-gode" (jfr isl. *allsherjargoði* Cl. Vigf.), eller ett propr. motsvarande Saxos *Lyuthguthi* (I, 381), en af Rings kämpar i Bråvallaslaget Det förra synes mig, på grund af *-vi*, sannolikt för det första namnets räkning.

---

[1] Jfr med första leden i dessa namn fsv. *almanna-* Rdqv. II, 424, isl. *almanna-* (t. ex. i Almannagjá, almanna-vegr. -þing) CL Vigf.

[2] Det sista *u* beror väl på miss-skrifning. Man kunde eljest här se gen. af det hos Rdqv. II, 219 anförda fsv. fem. *gudha*, vare sig, här såsom eljest, i betydelsen gudinna eller i en betydelse prestinna, som ordet, liksom isl. *gyðja*, kunde förena med den ofvannämda.

Ås

I den isl. literaturen torde *áss*, pl. *œsir* vara den oftast förekommande benämningen för de forne gudarne. I sg. användes ordet särskildt ofta om Tor; se Cl. Vigf. s. 46. — I sv. synes ordet ensamt stående ej hafva blifvit bevaradt från forntiden.[1] Däremot har det som bekant i nyare tid upptagits från isl. under formen *as*, senare *ås*. Men att det äfven i Sverge fordom funnits, framgår på det mest otvetydiga vis af därmed sammansatta ord och uttryck. Så framför alt af *åska*, fsv. *asækya, asikia, asikkia*, ursprungligen "åsens (Tors) åkning" (jfr Rdq. II, 221, 222 samt Leffler, I-omlj. 291). Dialektiskt har den gamla vokalen *a* hållits kvar i dalsl. *aseka*, sk. *aska* (Rietz 14). — Äfven i det af Hyltén-Cav. I, 230 anförda *åsaregn*, i Värend förekommande uttryck för sommarregnet, måste en form af detta ord ingå. Sannolikt har man här den gamla gen. sg. (isl. *ásar*) med syftning på Tor; jfr de i Värend äfven brukliga namnen på detsamma, *Gofarregn* och *Gobondaregn*; på Gotl. heter åskregnet *torsregn* II, X. — Den gamla gen. pl. af *ås* ingår i det Värendska *åsa-toren*, åskan naturmytiskt uppfattad, Hyltén-Cav., II, IX; detta är uppenbart samma ord som det isl. *Ásaþórr*. — I sammanhang härmed må nämnas det i en svensk folkvisa förekommande *Oden Asagrim*, Arwidsson I, 11. *Grim* är här säkerligen Odens namn, isl. *Grímr*, hvadan uttrycket är bildadt på samma sätt som det föregående

---

[1] I en hos Hyltén-Cav. II, 30 efter P. Rudbeck anförd sm. sägen om Tor nämnas visserligen såväl asarne som Asgård; men då den senare uppenbart ej anför sägnen ordagrant, kan det sättas ifråga, om ej dessa uttryck blifvit af honom själf insatta.

(jfr ock Hávam. 142 *Hroptr rögna*, Bugge, Edda 395; *Ásaóðinn* Ynglingas. k. 6). Mycket tvifvelaktigt är emellertid, om detta uttryck här utgör en omedelbar kvarlefva från heden tid; just på grund af det bibehållna *a* synes det mig sannolikast, att det upptagits i visan från någon äldre skriftlig uppteckning, hvars svenska ursprung åtminstone måste vara mycket osäkert.

Vidare är ifrågavarande ord en mycket använd beståndsdel i personn. Det uppträder här i det äldre språket ej blott under formen *as-*, utan, i likhet med förhållandet i da., äfven såsom *æs-, es-*; den omljudda vokalen har väl här inkommit från de böjningsformer hos det enkla ordet, i hvilka *i*-omljud af ålder tillkommer detta liksom öfriga *u*-stammar. För öfrigt framträder på åtskilliga runstenar genom skrifsättet **as** en antydan om det bekanta förhållande, att ordet förlorat ett *n*, vare sig detta skrifsätt anger ett nasalt uttal af vokalen eller blott kvarstår som ett minne från en tid, då ett sådant herskade; Wimmer, Runskr. 172. — *As-* har jag funnit i följande sv. namn:

Asa: **ąsa** L. 1342 (T), 1349 (T), 1435 (Worm); **asa** L. 642, 1105, 1121, 1411, **asu** (Obl. kasus) L. 1288, 1686; **osa**[1] L. 468 (Dyb.); **aosa** L. 1097 (B). *Asa* förekommer dessutom på några ställen i medeltidshandlingar, t. ex. DS III (1321).

Asbiorn: **ąsbiurn** på de sk. stenarne L. 1431 (B) och 1440 (B); hit hör ock det stympade **ąsbiu . .** på en nyfunnen sten i Vg (Torin II, 19); **ąsburn** L. 1429 (B), Sk., samme man, synes det, som med samma namnform nämnes L. 1430

---

[1] På öfligt sätt återger jag de olika formerna af *os*-runan, utom den nasalt *a* betecknande (**ą**), med **o**. Det synes mig dock sannolikt, att i de här anförda namnen i allmänhet ljudet *a* betecknas härmed. L. 219 förekommer såväl formen **oslaik** som **aslaks**, såsom det synes, om samme man. Och namnet på runristaren Asmunder Kara sun skrifves visserligen särdeles ofta med **ą**, nämligen åtminstone L. 70, 89, 93, 107, 211, 258, 260, 508, 1053, men ock med **o**, näml. L. 200, 756, 1049 (enligt B. och Dyb.), med **a** L. 187. — I några fall torde *os-* kunna bero på ags. inflytande.

22

(Worm); **ạsbiarn** L. 595 (B); **asbiurn** L. 28, 228 (båda i UFT), 1068, 1085; **asbion** L. 576 (UFT); **asbiarn** L. 150 (Dyb.), 160 (Dyb.), 355 (UFT); **asbirn** L. 285 (UFT); gen. **asbiarnar** L. 1067 och **asbiernar** L. 402 (UFT); **osbiurn** L. 1344 (T); 1449 (B), Sk. — Hit hör väl ock **asbaun** L. 1096.

Asboþ: **asboþ** L. 1235.

Asdiarver: **astiarfr** L. 198[1]; *Asderver de Norraby* (Upl.) DS III.

Asfaster: **asfast** (ack.) L. 198 (UFT); *Asuastus* DS III.

Asfriþer (kvinnon.): **asfriþ** (nom.) L. 132; **osfriþr**[2] L. 1395.

Asger: **askair** L. 289 (UFT), Dyb. II, 239; **askir** L. 98 (UFT; samme persons namn skrifves **ạskair** L. 97 enligt B.), 702, 714 (Dyb.), 794 (UFT); **oskir** L. 1073; **osgir**[2] L. 1395; en gen. af detta namn är väl *oskis* L. 564 (UFT). — I medeltidshandlingar är detta namn ej sällsynt; latin, förekommer det som *Asgerus* DS III (1316); som *Ascerus* DS I, 435, 451 m. fl. st.

Asgrimer: *Asgrim i Bandane*, Dalsl. SRP (1379).

Asgun: **askun** L. 135 (Dyb.); **osgun** Dyb. I, 169.

Asguter: **ạskut** (ack.) L. 1348, 1349, 1370 (alt enligt Torin); **askutr** L. 592 (Dyb.) 1201, 1318, 1427, Sk.; **askutar** L. 1940; **askut** (ack.) L. 323, 587 (Dyb.), 1098, 1179; **oskutr** L. 1309, 1369 (T); **oskut**[2] (ack.) 1416 Sk. — Namnet ingår i *Asgutztorp*, s. i Vg. (1382), Styffe, nu Algutstorp, *Asgutzrum* s. på Öl. (1424),

---

[1] UFT V, 74 uppfattas detta namn såsom **Ast-djerf**; men då på samme sten såsom en broder nämnes **asfast**, synes den ofvan gifna med Dieterichs öfverensstämmande tolkningen bättre.
[2] Första runans form är mig obekant.

Styffe, nu Algutsrum samt i det Skånska *Asgustorp*, Hästveda, Falkm. 107. — Jfr. for öfrigt *Asgöter*.

Asgœrþer: askiar(þ) L. 320; **askiarþ** . . (gen.) L. 794 (UFT). Ihre, dial. lex., uppger *Asgäl* såsom ett i Dal. förekommande n. propr. fem. — Namnet ingår i *Assgerdebyn*, Håbo, Dalsl.

Asgöter: askaut (ack.) L. 994, Dyb. II, 1, 71; **oskautr** L. 1441 (B), Sk. Latin, träffas namnet såsom *Asgotus* DS II, 105 (1291), *Asgothus de Bierlandom* DS III, 146 (1313); den sistnämde kallas på en vidhängd pergamentslapp *Asgøter af Berlandum* (se s. 761, Anm. och Rätt.).

Asi: asi L. 358, 1029; **asa** (ack.) L. 167 (UFT); **osi** L. 114 (Dyb.). Hit hör vidare *Asi in Kurneem* (Upl.) DS III (1316) och *Ase in Nyabro*, Ög. IV (1333).

Askil: ąskil L. 1246 (B), 1563 (enligt Torin); **ąskihl** L. 1251 (B); **askil** L. 210, 331, 638, 731, 1442, Sk.[1] - L. 1390 läser Torin **askatli**, hvilket han fattar som nom. — Namnet ingår i *Askelstorp*, Stoby, Sk.

Aslaker, Asleker: aslaks (gen.) L. 219 (Dyb. — Densamme som **oslaik** på samma sten?); **oslakr**[2] L. 1202; **oslaik**[2] L. 717. — I SRP träffas namnen *Aslak Botolfsson* (1874) och *Aslak Thordson* (1400), båda från Bohusl. — Det nu brukliga namnet *Axel* anses bildadt häraf.

Aslögh: aslauk (nom.) L. 734 enl. Dyb. (L. har **alauk**).

Aslögher (mansn.): *Aslogh*, Vald. Jordeb., Hall.

---

[1] Möjligen betecknar *ár*-runan här ljudet *œ*, då formen *Eskil* eljest är synnerligen vanlig.
[2] Första runans form är mig obekant.

Asmoþer ingår i *Asmodetorp* (1506), nu Asmoarp, Göinge-Mellby; Sk., Falkm.

Asmunder. Detta namn var i äldre tider vanligt. På runstenar träffas särskildt ofta namnet på den bekante runristaren *A. Kara Sun*, nämligen, såsom det synes, på ej mindre än 19 (utom de fall, där namnet hos L. fins upptaget, äfven enligt UFT L. 80); jfr s. 22, noten 1. — Men dessutom träffas äfven följande former: **ąsmuntr** L. 457 (Dyb); **ąsmunt** (ack.) L. 896 (B); **ąsmu** (ack.) L. 1327 (B); **asmuntr** L. 993, 1071; **asmutar** L.l1940; **asmut** (ack.) L. 1101; **osmuntr** L. 1057 (B). — I DS och SRP träffas namnet flerestädes, t. ex. under den latin. formen *Asmundus* DS II 91 (1290), 112 (1291), 615 (1310). Likaså ingår det i ortnamn, såsom *Asmunstadhum* DS IV (1331) samt *Asmundathorp* s. DS I, 50 (1145), nu Asmundtorp, Sk. (se Falkm. 108).

Asrun, Asruna: *Asrwn relicta Kanuti Ketilbiornason* DS IV, 202 (1331; jfr IV, 646, V, 75); *Asruna* förekommer vidare SRP (åren 1364 och1377; såsom det synes, om olika kvinnor).

Asulver: asulf (ack.) L. 355 (UFT); **aosulfr** L. 81 (Dyb); **osuhlfr** L. 1057 (B). *Asulphus* förekommer DS II, 684, *Asolfver* SRP (1381).

Asvalder: *Asvald i Sundhrœedhe* (Sm.) SRP (1379).

Asvar: asvar (kvinnon.?) L. 210 (B).

Asviþer: den latin. formen *Asuidus* DS III (1316), *Aswidus* V (1343); gen. i *Nicolaus Aswidi* V (1343).

Asœlver (kvinnon.):[1] **aselfi** (ack.) L. 530.

---

[1] Kvinnon. på *œlver* äro i äldre sv. ej ovanliga. Utom dem, som i det följande upptagas, har jag träffat följande: *Arnœlver* (*Arnelfe*, latin. dat, DS IV), *Gunnelf*, SRP (hvad genus

Asö: *Asø* DS II, 684 (jfr isl. *Þórey, Bjargey* hos Cl. Vigf. under *ey*; fsv. *Gunø* DS IV).

Hit höra vidare möjligtvis det enligt Hyltén-Cav. i värendska tingshandlingar från 1600:talet förekommande mansn. *Asle, Åsle,* hvilket ock synes ingå i *Peter Aslason* SRP n. 2320 (jfr fty. *Ansila,* Förstem.); *Asnidhir* D. Dal. (afskr.; felskrifvet for Asvidher?); samt mansn. *Asund* DS III (1324; Finl.) I det värendska ortnamnet *Askummatorp* Hyltén-Cavallius I, 79 kunde ett namn **Asgumi* ingå. Likaså synes ett **Askari* (ett isl. *Áskári*) ingå i *Askaramala* DS IV i en afskr.; såsom *Åskåre* fattas UFT III, 70 **uskari** Dyb. I, 93; detta synes dock ovisst.

Som sista led ingår *as* i namnet *Ulfas: Vlfaas* DS V (1346); jfr *Rangwaldus Vlwasæ son* II, 212 (1296).

Den omljudda formen af *as* träffas i:

Esbiorn: **esbiurn** L. 10 (enligt UFT), 1403; **esburn** L. 1397 (enligt Torin), 1401 (T), **esbiarn** L. 1291; gen. **æsbiornar** L. 1636 (på samma "hvalf" skrifves namnet sedan med munkstil *Esbeornar*)[1] I DS och SRP träffas namnet ofta under formerna *Aesbiorn, Esbiorn, Esbern* m.m., latin. *Esbernus.* Och det brukas än i dag, dels under formen *Esbjörn, Essbjörn* (se t. ex. Rääf II, 124), dels såsom *Jesper* (jfr Freudenth. 33.)

---

kunilfr L. 160 har, syns ej) och hruþailfr Dyb. II, 155 (ruþilfr L. 7 enligt UFT och gen. hruþilfar L. 756 kunna ej till genus bestämmas): dessutom *Runeluer* och *Odhelvir,* båda DS III, hvilka kunna vara fem. lika väl som mask. I isl. träffas kvinnon. *Þórelfr* i Landn. Namnen äro säkerligen att med Rdq. II, 264 härleda af *elfr;* jfr *þórelfr* med mansn. *þórálfr.* Till böjn. måste de ursprungligen vara långstafviga *ja*-stammar.

[1] Hit för Dieterich ock **isbiurn** och dylika former; det är ganska sannolikt, att **i** här betecknar *œ, e,* men då äfven nord. namn på *Is-* förekomma, och således ingen säkerhet för dessa runformers sammanhang med *as* finnes, förbigår jag dem här, liksom i allmänhet de namn på **is-,** som kunde ställas vid sidan af de i det närmast följande upptagna namnen.

Esborgh: Esborg (kvinnon.) SRP (1351).

Esger: I runor har jag ej träffat detta namn, så framt ej **iskir** (ack.) L. 1040 skall föras hit. I SRP träffas det på några ställen, t. ex. *Esger i Lerem*, Vg. (1390), *Esgerus i Knutstorp*, Sm. (1353), *Esgerus*, kanik i Skara (1392). Utan tvifvel är det detta namn, som ingår i *Aesgesthorp, Aesgethorp* DS II, 344 (1301); andra dylika ortnamn finnas hos Falkm. 106.

Esheþer (kvinnon.): **esiþi** (ack.) L. 871.

Eshilder; gen. af detta kvinnon. ingår uppenbart i *Aesildœbothœ* SRP (1353), nu Elsebo, Munktorp, Vg.

Eskel, Eskil: eskil L. 864, 895, 1151, 1360, 1666; hit hör väl ock **iskil** L. 1095 samt **öskil** L. 1172. I DS och SRP m. fl. urkunder är detta namn under formerna *Eskel Eskill, Eskil, Eschil* m.m., latin. *Eskillus, Eschillus*, mycket vanligt.

Esviþer: *Aesvidus de Næsi* DS III (1314).

Sammanhang med *as* har äfven antagits för namn på *Ast-, Est-* med följande *r*; se Cl. Vigf. under *áss*. Sådana namn förekomma äfven i sv.; hos Hyltén-Cav. anföres II, 285 *Åstridh* såsom ett värendskt mansn. från 1600-talet, och kvinnon. *Astriþer, Estriþer* förekommer flerestädes (**astriþ** L. 459 (UFT); **estriþr** L. 562 (UFT) m.m., hvarjämte i medeltidshandlingar *Estrid, Aestrid*, latin. *Estridis*, ej är sällsynt). Här kan *t* mycket väl vara af fonetiska skäl inskjutet; då man emellertid äfven kan förklara dessa namn såsom bildade af *ást*[1] kunna de här icke bestämdt bevisa något.

---

[1] I äldre ty. namn förekommer *anst-*, t. ex. *Anstrat* vid sidan af *Ansrad* (Förstem.); äfven här kan man dock tänka på inskjutning af *t*.

Då man i ortnamn träffas *as-, ås-,* är det i allmänhet sannolikast, att detta är af annat ursprung och sammanhänger med det fsv. appellativet *as,* pl. *asar,* nysv. *ås,* höjdsträckning; jfr Rdq. H, 269. Någon gång torde gudanamnet ingå. Sådant anser Hyltén-Cav. fallet vara med namnet på den smål. sjön *Åsnen,* af hvilken åtminstone en del fordom burit namnet *Odensjön;* se I, 127 f.; likaså med *Asa sjön,* I, 131. *Åsunden, Asundi* i VGL, hör möjligen ock hit; sista leden sammanhänger väl med isl. *unnr.* — Med afseende på *Åsa källa,* en "helig källa" i Ö. Torsås, Sm., där ock en *Torsa källa* finnes (Hyltén-Cav. I, 132), kan man tveka, huruvida namnet Ursprungligen hänvisar på de hedniska gudarne eller den ås, efter hvilken socknen måste erhållit sitt namn. Nämnas må vidare *Aasgardha* SRP (1376), nu Åsgårda, Saltvik, Åland. Likheten med isl. *Ásgarðr* kan dock vara tillfällig; jfr Freudenth., Ål. ortn. 56.

Särskild uppmärksamhet förtjänar namnet på de 5 Åsaka-socknarna i Vg. Den äldre formen *Asaka*[1] fins hos Styffe anförd för *Å.* i Barne härad från 1407, i Kållands här. från 1404, i Skånings här. från 1452, i Vartofta här. från 1422 och i Väne här. från 1397. Härtill kan ytterligare läggas *Asige* s. i Hall., hvars namn i Vald. Jordeb. träffas såsom *Asaka.* — Möjligen kunna dessa namn vara sammansatta med *aker* och hafva förlorat ett *r;*[2] i detta fall ha de nog intet att göra med gudanamnet. Häremot talar dock, synes mig, öfverensstämmelsen mellan namnens form, i det alla i äldre tid sakna *r;* SRP n. 2535 (1390) förekommer vid sidan af *Asaka* (Skånings här.) äfven *Ranakra* såsom namn på ett däri beläget hemman. Sammanställes vidare *Toraka,* ortnamn från en af svenskar förut bebodd del af Estlands kust (Russw. II, 180),[3] synes sammanhang med ordet åska ligga nära att antaga; dessa ställen kunna erhållit namn däraf, att åskan där slagit ned eller, som man förmodligen fordom uttryckte det, "åsen", Tor, där "åkt ned". Jfr ock ortnamnet Bisa på Runö samt

---

[1] Att namnet är pl., angifves af uttrycket "i Asakom", Silfverst. D. I, 885 (1404).
[2] Man kunde då jämföra *Asakra* DS III (1314), Hels.
[3] Jfr. gotl. *toraka,* dal. *toråk,* värendska *toråket* om åskan; se under *Tor.*

andra namn på *Bisa-, Bis-* från samma trakt (Russw. H, 249)[1] *Ljuna*, Hogstad, Ög. är möjligen att sammanställa med sk. *ljuna*, blixt.[2]

Liksom *as* i personnamn ibland uppträder med omljud, kan en omljudd form af detta ord ingå i *Aesberghæ* DS V (1337), nu Edsberga, Landeryd, Ög. Likaså tyckes gen. pl. af *as* ingå i sockennamnen *Aesabro*, nu Edsbro, och *Aesatunir*, nu Estuna, båda i Upl. (de äldre formerna i DS III från 1300-talets början); omljudet kunde från nom. pl. lätt intränga i gen.[3] Möjligen bör hit ock föras *Esasta* SRP (1391, dock äfven *Essœsta*, år 1371), k. nuv. Edesta, Vårdinge, Sdm, samt måhända ännu några andra namn. — I dessa fall kan man ej gärna tanka på det andra *as*, då detta är gammal *a*-stam.[4]

---

[1] "Schlägt ein Blitz auf die Erde, so heiszt dieser *bisa*, bisen, oder bisa bylder," Russw. II, 248.

[2] Endast medelbart erbjudes analogi af ortnamn innehållande det *liugn*, som ingår i *liugn elder*, eller något bland de häraf bildade *lygn, lygni, lygna* (se Leffler, v-omlj. 78), enär det *blixt* betydande ordet här står som sammansättningsled. Utom de af Leffler anförda *Lygnista*, sdm (s. 78 not. 1) och *Lyugnœshœreth*, sk. (s. 81 not. 2) kan jag nämna *Liugnœœs* DS IV, nu Ljungnäs, sm. k. och *Lyghnobœk*, Ed. sm. SRP.

[3] Jfr gen. pl. *syna* af *sun* Rdq. II, 151.

[4] Den af Rdq. II, 32 efter Hof för detta ord anförda vg. pl. formen *äser* måste vara en nybildning.

Van

I isl. användes *vanir* om en särskild grupp bland gudarne; någon gång förekommer sg. *vanr* (se Egilson). Några sv. ortn. synas vara sammansatta med detta ord; antingen förekommer i dem gen. sg. eller den rena stammen. Sådana äro *Wansjö* SRP (1365), "tr. Vansjö i V. Löfsta", Upl.; *Vandala* SRP (1397), nu Vannala, Osteråker, *Vanzsta* DS IV, nu Vansta, Ösmo, *Wansø* s. III, nu Vansö, väl ock *Wanwsa* IV, nu Vannesta, Toresund, alla i Sdm.; *Vanstadha* SRP (1384), nu Vanstad, Locknevi, Sm. K.

Dessutom börja några nysv. ortn. med *van-*. Huru forsigtig man får vara med att af dem draga slutsatser, synes dock däraf att Vanstad s. i Sk. enligt Styffe år 1332 nämnes under formen Watnstatha.

Ragn-

E tt i den isl. literaturen ej sällsynt namn för gudarne är *regin*, äfven *rögn*. Ensamt förekommer något sådant ord ej i sv. Däremot är i namn *ragn-*, äfven *rœghin-*, en vanlig beståndsdel. Här kan emellertid ifrågasättas, huruvida ordet står i betydelsen gud eller med ett ursprungligare innehåll. Det är nämligen egentligen ett appellat., och den älsta betydelsen synes vara råd, beslut; jfr got. *ragin*. Ordets bruk i namn måste vara mycket gammalt, då det är vanligt äfven på tyskt område. I ty. förekommer det ensamt stående ordet ej i betydelsen gudar. Weigand utgår ock i sin Wörterb. vid förklaringen af hithörande ty. namn från betydelsen råd. Förstem. anser emellertid möjligt, att i namnen betydelsen gudar frambryter. Och Freudenth. utgår vid förklaringen af hithörande sv. namn från betydelsen "numina". Omöjlig är en sådan åsigt visserligen icke. Säkerligen sträckte sig denna betydelse utom norden. Detta synes framgå af det i Heliand förekommande uttrycket *regano-, regan-giskapu*, det af försynen bestämda ödet;[1] jfr *metodo-giskapu* (se Grimm 24). — Äfven den förstärkande betydelse, som röjer sig i fsa. *regin- blind, -thiof*, ags. *regn-heard,- veard* m.m., liksom i isl. *regin -dómr, þing* m.m. synes lättare ha kunnat utveckla sig ur betydelsen gudamakt än ur grundbetydelsen.[2] Flere af hithörande namn

---

[1] Heyne yttrar i gloss.: In *regano-*, einer Reminiscenz aus dem Heidentume, scheint ein alter gen. plur. zu liegen, vergl. altnord. *regin* numina, dii.

[2] I viss mån jämförliga äro de isl. uttrycken *ty- hraustr, -spakr*, i Snorraedda härledda af Tyr, sannolikt riktigare af Vigf. förklarade "valiant as a god, godly-wise".

äro vidare bildade i likhet med andra, som innehålla afgjordt mytologiska beståndsdelar.

Då således dessa namn åtminstone möjligtvis sammanhänga med religiösa föreställningar, upptager jag dem jag funnit i äldre sv.:

Ragna:[1] **rakna** L. 925 (såsom det synes, moder till **raknburk**). Detta namn ingår i *Ragnotegher*, Upl. DS III och *Ragnotorp*, Sdm. DS IV.

Ragnar: **raknar** L. 601 (Dyb), Dyb. I, 82; **ragnar** L. 369. I SRP är detta namn rätt vanligt; så *Ragnar* n. 2001, 2046, 2059; *Raghnar* n. 2073, 2673. — Om det vanliga latin. *Ragnerus* hör hit eller till *Ragnir*, vågar jag ej afgöra.

Ragnborgh: **raknburk** L. 925[2] I medeltidshandlingar är detta namn, skrifvet *Ragn-, Rang-, Rag-, Ramborg* o. s. v., ganska vanligt.

Ragnfaster: **raknfastr** L. 400 (UFT); **raknfast** (ack.) L. 497 (UFT) (det är samme man, som nämnes L. 496 — **rakinfast** —, 498, 2009, måhända ock 2010); **raknfastir** L. 369; **ranfastr** L. 583 (UFT), väl densamme, hvars namn enligt UFT L. 584 skrifves **rakfastr**. I medeltidsdiplom förekommer namnet med växlande stafsätt på åtskilliga ställen.

---

[1] Jag har varit tveksam, huruvida jag borde såsom normal form ställa *ragn-* eller *raghn*. Jag har valt det förra skrifsättet emedan åtminstone i VGL *gn* är det vanliga, för så vidt båda konsonanterna ej först genom böjning kommit bredvid hvarandra (jfr i I *brymsignœ, egn, hœgna, sœgnarþing*, samt eljest *agnabaka, ognarbot*), äfvensom emedan af skrifsättet i handskrifter och diplom från medeltiden framgår, att redan tidigt *g* åtminstone ganska allmänt i denna ljudförbindelse öfvergått till guttural nasal, som i sv. framför *n* plägar teeknas *g*. Jfr Rdq. IV, 884.

[2] Möjligen hör äfven **ramborgar** (gen.) hit; jfr Rdq. II, 268.

Ragnfriþer (kvinnon.): **rahnfriþr**: L. 508, 525 (Dyb); **raknfrir**[1] L. 499 (Dyb); **rahnfriþ** (nom.) L. 916 (Dyb), (ack.) L. 507; **rahnfriþ**. . Dyb n, 50.

I diplom är namnet rätt vanligt, t. ex. *Ragenfrid*[2] DS I 90, *Ranfridis* I, 393 m.m.

Ragnhilder: **rahniltr** L. 526 (UFT), 605 (UFT); **rakniltar** (gen.) L. 400 (UFT). I diplom förekommer namnet flerestädes, t. ex. *Ragnildis* DS I, 617, 636 m.m.

Ragni: rakna (ack.) L. 526 (UFT); **rakni** på en nyfunnen sten i Ö. Stenby s., Ög., AT; **rakna** (ack.) L. 904. Hit hör *Ragne* DS III samt det latin. *Rangno* V (1341); jfr ock SRP.

Ragnir: raknir L. 1339[3] Hit hör väl ock *Ragni* (ack.: *R. stabularium*) DS I, 473. Jfr *Ragnar*.

Ragnmunder: *Ragmundus* DS V, 645, 688. Möjligen är namnet *Ramund* uppkommet häraf med samma ljudöfvergång[4] som i kvinnonamnen *Ramborgh*, *Ramfridh, Ramfrö* (hos Hyltén-Cavallius II, 286), samt i mansnamnet *Ramvald* (se SRP III).

Ragnvalder: rahnvaltr L. 397 (UFT); **raknvalt** (ack.) L. 436 (UFT) och 437 (samme man?) I medeltidshandlingar är detta namn under olika skrifsätt mycket, vanligt.[5]

---

[1] Jfr **hulmfrir** L. 651.
[2] Måhända en tysk form.
[3] Enligt Torin har stenen ej, såsom L. läser, **Þor raknir**, utan **Þir raknir**, ett isl. **Þeir Ragnir**.
[4] *gn: n_gn: n_g* samt slutligen, framför annan labial, *m*.
[5] Hit hör ock formen *Ragneld* SRP n. 714, såsom synes däraf, att samme mans namn skrifves *Rangvald* n. 640, *Ragwald* n. 641.

Ragnvar: (mansn.): *Ranguar i Wbby*, Upl., SRP n. 2813[1] Jfr ock formerna *Ragvar, Ravar* i reg. under *Ragnar*.

Ragnvi: **raknvi** L. 504 (Dyb).

Ragnviþer: **rahnviþr** L. 200 (UFT). Namnet förekommer flerestädes i SRP t. ex. *Ranguidher* n. 3034, *Raguidher* n. 2931, *Rawidh* n. 2743. Den latin. formen *Ranguidus* träffas DS III, 102, 270, *Rangwidus* V, 680.

Ragnþruþer (kvinnon.): **raknþruþr** L. 926.

Ragnælver (kvinnon.): **raknilfr** L. 378 (UFT); **rahnilfi** (ack.) L. 122. Hit hör ock *Ranghelf socrus Asmundi fabri* DS II, 230 (1297) och *Ragnælf filia Hæmingi* III (1312). — Jfr *Asælver*.

Möjligen kan ock **ranbearn** L. 288 (enligt UFT, där namnet emellertid tolkas *Rannbjörn*) höra hit. — Mansn. *Ragleff* SRP n. 981 synes stå för *Ragnlever*.

I några få namn förekommer omljudd vokal. Så i det latin. *Regnerus* DS I, 140 (om en abbot i Nydala), II, 684; jag vågar ej afgöra, om det skall återge ett *Rœgnir* eller *Rœgnar*. — Med afseende på andra kan man tveka, om de äro af svenskt eller främmande ursprung; det förra kan åtminstone vara fallet med kvinnon. *Rœghinmoþ*, som latin. förek. såsom *Reghimodis* DS IV, 63, *Rœghinmodis* V, 676 (afskr.); samt med *Rœghinmunder*: **(r)ikinmu** . . L. 581 (UFT) samt *Reginmot* L. 1636 (med munkstil; med runor skrifves samme mans namn . . **ikinmonþ**).

---

[1] I reg. anses detta felskrifvet för *Rangnar*; detta synes dock ej nödvändigt att anta, då man i Hárbarðsl. v. 16 har *Fjölvarr*, och således nord. mansn. på *var* verkligen förekomma.

Rå (Råd)

Håkonarmál v. 18 förekommer om gudarna uttrycket *ráð öll ok regin*. Att äfven ett fsv. *raþ* på samma sätt varit brukligt, vågar jag sluta af sv. neutr. *rå*, mytiskt väsen (t. ex. sjö-, skogs-rå). Det synes mig nödvändigt att med Ihre etymologiskt sammanföra detta ord med vb *råda*. Dels förekommer nämligen dial. formen *råd*; Rietz anför för Osterbotten *gårdsråd*, neutr. Dels träffas likbetydande ord, som uppenbart äro bildade af detta vb.; ett sådant är ner. *rådande*, neutr.[1] (Hofberg, Allmogeord i V. Nerikes Bygdem.); jfr *råanet* (best. form) i Vml. v. bergslag (VFA). Man har här sannolikt part. pres. af nämda vb.; samma form med annat genus träffas i det dal. *råand, råðändi*[2] (Rietz, som dock skrifver orden såsom sammansatta). I Vg. förekommer enligt benäget meddelande af Professor Richert *rådande* med samma betydelse användt nästan såsom part.: "det är något rådande i sjön." I Finl., Petalaks, förekommer vidare *rådarin* med ungefär samma betydelse[3] — Däri, att *rå* enligt Rdq. II, 326 varit och i folkspråket ännu är fem., eller att det enligt Rietz (under

---

[1] Rietz anför detta ord såsom mask. och betecknar det genom skrifsättet *råd-ande* såsom sammansatt; det senare står ej väl samman med den säkert intygade neutr. formen.

[2] Det hos Hyltén-Cav. II, XVI anförda *bergs-rånda* från V. Dal. är väl en sammandragen form af samma part.

[3] "I skogon herskar *rådarin*, som man föreställer sig ofantligt stor, med ett till knäen nedhängande skägg"; Finska fornminnesfören:s tidskr. 1877 s. 132.

formen *råd*) på Gotl. brukas såsom mask.,[1] ligger intet hinder för denna tolkning. Ordet begagnades i forntiden antagligen mest i pl., och ur den best. formen *raþin* kunde ordets bruk som fem., slutligen äfven som mask., lätt ha utvecklat sig på samma sätt, som den gamla neutr. pl. *lagh* blifvit först fem., sedan mask. (se Rdq. II, 99; jfr ytterligare *jul, sax* o. d.). I no. folkspr. har det gamla *ráð* i sin ursprungligare betydelse, råd, plan m.m. öfvergått till fem.; se Aasen under Raad; jfr ock det sv. *någon, ingen råd.*

Den betydelseöfvergång, detta ord undergått, är ej svår att förklara. Vid kristendomens införande kommo de gamla gudarna ofta att i folktron intaga en plats bland de lägre andeväsen, på hvilka man redan under hednatiden trott, och om hvilka vidskepliga föreställningar bevarats ända in i nyaste tid[2]. Anmärkas må, att åtminstone gårdsråna skildras såsom människovänliga varelser, som vårda sig om gårdens bästa och trefnad.

---

[1] Möjligen är den af Rietz anförda dal. pl. formen *råddar*, mask., at. sammanställa härmed.

[2] Jfr t. ex. den no. sägnen om Tor med tungum hamri, Hammerich, Ragnaroksmythen, s. 93, noten, där Tor betraktas ungefär som en bland tursarne.

Dis

I isl. begagnas ordet *dís* dels om gudinnor (så *dís goða bekkjar* i Haustlöng om Idun, *öndur-dís* i Ynglingatal om Skade, *Vana-dís* i Snorra-edda om Fröja)[1], dels, och vanligast, om andra högre kvinliga väsen; så om valkyrjor (t. ex. *Herjans dís*, Guðrúnarkv. I, 19; i Krákumál talas om *dísir*, "er frá Herjans höllu Oðinn hefir sendar"), ofta äfven om ett slags skyddsgudinnor; äfven synes det begagnas om nornorna (jfr Egilson, Cl. Vigf.) I omskrifningar begagnas ordet, på samma sätt som gudinnors namn öfverhufvud[2], om kvinnor i allmänhet; ur detta bruk har man väl ock att förklara de få, hos Egilson anförda, fall, där ordet, äfven utan att stå i omskrifning, begagnas i betydelsen kvinna. Snorra-edda uppger äfven betydelsen syster: heitir ok systir dís, jóðdís. Så kan ordet nog öfversättas, t. ex. i *Loga dís* Ynglingatal, men i detta o. d. exempel står ordet dock utan tvifvel egentligen på samma sätt som i öfriga omskrifningar, och att ordet i sig har betydelsen syster, behöfde starkare bevis. På den ibland äfven angifna betydelsen prestinna känner jag ej något exempel. Grimms sammanställning af dis med fht. *itis*, fsa. *idis*, ags. *ides* kvinna, förnäm kvinna, synes mig trots likheten mellan isl. *dís Skjöldunga* och ags. *ides Scildinga* i

---

[1] Ensamt stående förekommer dock ordet i isl. poesi mig veterligt ej med samma betydelse som *ásynja*.

[2] Jfr Snorra-edda s. 112: kona er ok kend við allar Ásynjur eða Valkyrjur eða Nornir eða *Dísir*.

Beóvulf[1] högst osäker på grund af ljudförhållanden, dels den i de ty. formerna förekommande förstafvelsen, dels olikheten i vokalens kvantitet (jfr Munch s. 60).

Ett språkligt intyg om fsv. dyrkan af *disir* träffas i det bekanta ännu brukliga namnet på en marknad i Upsala *Distingen, Disaþing* i UL., *dysœthing* DS III (1322), *disathing* V (1344), särskildt om härmed sammanhålles Ynglingasagans berättelse om dísablót, dísarsalr i Upsala, k. 33.

Ordet ingår vidare i mansn. **tesalfr** L. 169 (UFT), som trots det egendomliga **e** ej synes kunna förklaras på annat sätt än såsom Disalfr. I kvinnon. är *dis* en rätt vanlig beståndsdel.[2] Ensamt förekommer det såsom namn L. 1074 (ack. **tisi**); den svaga formen **tisa** träffas L. 813; jfr ock *Olla Dysa de Voypala* Finl., DS IV (1340), så framt man ej här har ett sammansatt namn, ett ursprungligt *Ullardisa*. Dessutom har jag träffas det i följande namn:

Adis. Så DS III, 102. Däremot har L. 151 enligt Dyb. (I, 202) ej **adis**, såsom man förut läst, utan **aþis**.

Frödis: **frau tis** Dyb. II, 197.

Hialmdis: **hialmtis** L. 774 (UFT).

---

[1] Då de sägner, som ligga till grund för Beóvulfs-kvädet, ju äro nordiska och förmodligen äfven i norden haft bunden form, kan denna likhet bero därpå, att *dís* på ags. återgifvits med det i ljud nära stående *ides*.

[2] Med afseende på *dis* här begagnadt såsom senare led må jämföras s. 37, noten 2. Såsom Freudenth. s. 2 anmärker, synas åtskilliga af de regler för poetisk omskrifning, som i Snorra-edda abstraherats ur "hufvudskaldernas" språkbruk, mer eller mindre omedvetet hafva följts vid bildandet af sammansatta nomina propria.

Holmdis: **hulmtis** L. 70 (UFT), 434 (UFT; samma kvinna som på 434 nämnes ock 433 och 439); **hulmtisi**(?) (ack.) L. 393 enligt UFT.

Hæþin-, Hiþin- dis: **haþintis** L. 788 enligt UFT; **hiþintis**[1] L. 724 (Dyb.) Jfr ock *nutrici mee Hidhindisi* (dat.) DS IV (1329).

Oþindisa: **oþantisu** (ack.) L. 1005.

Aerndis: **erntis** L. 724 enl. Dyb. Gen. af ett svagt *Aerndisa* synes ingå i *Byrgir Aendyso* SRP (1393).[2]

Ödis: **aütisi** (ack.) L. 745 enl. UFT (L. läser **antisi**); *Ödiis i Bywdby*, Sdm., SRP (1400).

Dessutom förekommer det stympade **. . . ntisa** (nom.) L. 1125.

I några ortn. synes *dis* ingå. Så i *Dysebodhum* DS II, 569 (1309) samt i de nysv. *Distorp*, Rystad Ög., *Disdala*, Sandsjö Smål., *Disåsen*, Brastad, Bohusl., (Holmberg II, 158) och möjligen några andra. Det är emellertid omöjligt att afgöra, om ordet här står i betydelsen kvinlig gudom eller såsom nomen propr. Af större vigt är *Dise offerkälla*, Annelöf Sk. (Falkm. 216), där det förra har sannolikheten för sig.

---

[1] Syster till **erntis**.
[2] Hvad bruket af gen. vidkommer, kan jämföras det i samma bref förekommande namnet *Olawær Abiörna.*

II. De särskilda gudarne

Oden

S venskarnes dyrkan af denne gud framgår ej blott af främmande intyg, bland hvilka det märkligaste är det af Adam af Bremen, som omtalar, huru i Upsala tempel "Wodan" fans afbildad vid sidan af Tor; som vidare om "Sveonernas" sätt att afbilda honom yttrar: "Wodanem sculpunt armatum, sicut nostri Martem sculpere solent;" och om hans väsen: "bella gerit hominique ministrat virtutem contra inimicos". Ett bestämdt fsv. intyg därom förekommer i C. Bur., där det s. 199 berättas, huru de hedniska svenskarne drogo den helige Filippus "tel mönstar i opsalom ok cuskaþo han tel at ofra marti som suæiar calla oþen."[1] Jämförelsen med Mars är af vigt, därför att den liksom skildringen hos Adam af Bremen bestämdt visar, att Oden i Sverge varit en krigsgud, liksom han tecknas i den isl. literaturen.

Gudens namn ingår vidare i sv. liksom i andra germ. språk i namnet på den fjärde veckodagen. Ehuruväl detta hos germanerna är en öfversättning af det romerska *dies Mercurii*, får man för Sverges räkning ej omedelbart draga några slutsatser af denna sammanställning mellan Oden och Mercurius, enär veckodagarnes namn säkerligen genom sydgermanernas förmedling, ehuru redan före kristendomens införande, kommit till den skandinaviska norden (jfr Grimm 111 f.). I fsv. träffas formen *(klokna) othensdagh* i VGL II, *(asku)*

---

[1] I C. Bldst. "Swear Ok gøta kalladho odhin" och i en annan hs, "swea kalladhe odhin"; se s. 979.

opensdagher i SML; *opinsdagher* i ÖGL och Sk. L.; *opunsdagher* i H. L.; *odhansdaghin* SRP n. 2697 (1393). Härledningen från den hedniske gudens namn utsäges bestämdt i C. Bur. Det heter nämligen där s. 61 (i fråga om julens namn: "Sua som manghe andre daghar som æn haua nampn af heþnom afguþum ok þo cristna dyrkt som *opens daghar . . .*" Likaså heter det ock Sv. Medelt. Bibelarb. I, 68: "Fæmpta dagh[1] kalladho hedne romara diem mercurij oc ware fædher *odhinsdagh* aff enom hednom konunge ok het *odhin*, thy at the dyrkadho han fore gudh, thy at han war wældoghaster herra i landom i gamblom æwom." Här förekommer samma uppfattning af Oden som en historisk person som t. ex. i Ynglingasagan. — På samma ställe heter det ock om Tor, att han var "wældoghaster mz *odhine*".

Oden fins ock, såsom Grimm s. 137 påpekar, nämd i ett par sv. folkvisor. Så anropas han i visan om Stolt Herr Alf (Arwidsson I s. 11): "Hielp nu Oden Asagrim"; och i visan om Grefve Guncelin (I s. 69): "Hjälp mig Othin thu kan bäst." Denna senare åkallan är lagd i munnen på en kämpe, som skildras såsom en hednisk rese; jfr ock de i samma visa förekommande uttrycken: "Hjälp nu Ulf och Asmer Gry"[2] och "hjälp tu nu moder skratt." — Den senare sången förekommer emellertid äfven utom Sverge; Arwidson anser till och med den hos honom meddelade uppteckningen vara en öfversättning från da. I densamma nämnas ock bl. a. Widrich Werlandsson, Thidrick utaf Bern, Olger Dansk, hvilka sannolikt åtminstone under denna namnform först temligen sent blefvo bekanta i norden. Därför samt af skäl, som anförts s. 21, torde det vara alt för vågadt att häraf omedelbart draga några slutsatser rörande svenska hedniska förhållanden.

---

[1] Som första dag räknas här lördagen.
[2] Jfr Grundtvig, Danm. gamle Folke v. I, 222, där det i den motsvarande da. visan förekommande "Ulff oc Asmer Grib" sammanställes så väl med den nyssnämda sv. visans *Oden Asagrim* som med *Oðin Aesagrá* i en visa från Färöarna.

I många trakter af Sverige har allmogen ända in i senaste tider bevarat minnet af Oden. I allmänhet har han emellertid blifvit neddragen till ett ondt andeväsen, Laurentius Petri talar i sin sv. krönika (enligt Hyltén-Cav. I, 222) om den *landskunnige* runokarlen och afguden, *Rike Oden*[1] benämd. Uttrycket runokarl sammanställer Hyltén-Cav. med åtskilliga senare folksägner, i hvilka runkaflar nämnas, särskildt den i Njudungen upptecknade sägnen om Kettil Runske och Oden. Otvifvelaktigt är detta drag hedniskt, då Oden i eddasångerna skildras såsom runornas uppfinnare och herre.

Hos allmogen träffas namnet utom såsom *Oden* och det häraf (genom ett bortfall af den gamla dentala spiranten, hvartill så väl riksspr. som dial. uppvisa många motstycken) uppkomna *Oen* (i sammans, äfven *On-*) stundom under formen *Ode (Oe)*. Denna form anföres af Hyltén-Cav. från olika ställen i Smål., I, 218 ("gif dig *Odhan* i våld", i tilltalsform "*Ode* kom", ur tingshandlingar från 1632), H, 31 och VIII. Den har, på likartadt sätt som *jätte*, uppkommit ur den gamla formen genom bortfall af *n*, säkerligen därför att man uppfattade detta såsom best. artikel, hvilket det ju är i den stora massan af på samma sätt betonade ord på *en*[2] Formen har en viss vigt, därför att den visar, att hos allmogen gudens namn bevarats genom oafbruten tradition från forntiden. Ur *Oden*, såsom detta namn nu genom bokspråkets inflytande uttalas med akut betoning, skulle ej en dylik tvåstafvig form kunnat utvecklas.

Hos allmogen förekommer Odens namn företrädesvis i sammanhang med sägnen om den vilda jagten. Ehuru åtskillig medeltidsvidskepelse inblandat sig häri, äro dock grunddragen i denna folktro otvifvelaktigt af urgammalt hedniskt

---

[1] Huruvida *rik* här är ett gammalt med förändrad betydelse från hednisk tid kvarstående epitet, att jämföra med *rikir tívar* i Þrymskv., eller blifvit användt med syftning på Oden som en rikedomens gifvare, såsom han ofta framträder i folksägner, vågar jag ej afgöra.

[2] Jfr dat. *Odhenom* i det längre fram anförda st. hos Olaus Petri.

ursprung, sannolikt till och med äldre än den utveckling i uppfattningen af Odens väsen, som ligger till grund för eddornas skildring af denne gud. Särskildt synes denna sägen hemmastadd i Smål. Här begagnas uttrycken "det är *Odens jagt*", "det är *Oden*, som är ute och jagar", "*Oden* är ute och far", "*Oden* far förbi" (se Hyltén-Cav. I, 216, 220). Äfven förekommer om samma naturföreteelse, som eljest kallas Odens jagt, med en något olika uppfattning i Unnaryds s. uttrycket *Odans* eller *Odens här* (a. a. II, 42, V). — Äfven i Ög. förekomma dylika föreställningar; här begagnas uttrycket "*Oden* jagar", äfven (med "folketymologisk" ombildning af *Oden*) *nordjagten* (a. a. II, VI). Till samma krets af föreställningar hör den hos Rääf I, 68 meddelade sägnen från Ydre; här angifves dock intet namn på den vilde jägaren. Däremot anföres II, 60 från samma trakt *Oden* i betydelsen den onde. — I Sk. förekommer uttrycket *Noens jagt*, där *Noen* säkerligen är en ombildning af *Oen, Oden*[1] (Hyltén-Cav. II, VI). Uttrycket *Odens jagt* angifves dessutom för Sk. af Rietz s. 481. — I Bl. har man yttrandet "*Noen* far i luften", a. st. — I Hall. förekommer uttrycket *Odens jagt* norr om Halmstad enligt Möller, Ordb. öfver Hall. landskapsm. s. 138.[2]

En beslägtad föreställning träffas i Upl., Roslagen, där folket begagnar uttrycket "*Oden* far förbi" om en eldkvast, som man tycker sig nattetid se fara genom

---

[1] Måhända framkallad af en viss skygghet att nämna gudens rätta namn.

[2] Från Bohusl. känner jag väl ej något dylikt uttryck, men att liknande föreställningar funnits äfven här, kan man se af den hos Holmberg III s. 24—25 anförda folktron. Sägnen om den nattliga ridten på en svart häst med lösa skor liknar så afgjordt de i andra landskap förekommande skildringarna af Odens jagt, att man måste antaga, att den i den bohusl. sagan omtalade lagmannen Lauritz Olsson Green — på samma sätt som andra historiska personligheter i olika delar af Danmark och Tyskland — här trädt i stället för Oden. — Jfr ock a. a. II, 174 och 323. — Äfven i Värm. fins sägnen om den vilda jagten; se Mannhardt, Baumkultus 137 (efter Borgström). Äfven från andra landskap har jag fannit sägner om den vilda jagten, utan att dock Odens namn i dem förekommer; jag hoppas vid annat tillfälle återkomma till detta ämne.

luften. Här framstår dock Oden mera såsom en nattlig gengångare, som lyser på sina i jorden gömda skatter (se Hyltén-Cav. II, VII).

Oden tänkes vanligen deltaga i den vilda jagten ridande på en hög svart eller hvit häst, ibland åkande efter stora svarta hästar (a. a. I, 221; II, VI; Rietz). I sammanhang med denna föreställning stod den för några mansåldrar tillbaka i Smål. öfliga plägseden att offra eller gifva till *Odens hästar*[1] liksom det för ej så länge sedan på flere ställen i Sk. och Bl. förekommande bruket att, "då man högg säd, lemna en liten hörna till foder åt *Odens häst*". Från alla tre landskapen upp-gifves äfven formen *Noens häst* (se Rietz under *Noen, Oden.*)

— En af Rääf i norra Smål. antecknad läsning mot "floget" hos hästar börjar

> *Oden* står på bergen,
> han spörjer efter sin *fåle.*

Enligt Afzelius I, 4 visar man i Asa s. i Smål. *Odens stall* och *krubba*. — I Högsrum s. på Öl. finnas stora stenar kallade *Odins flisor*, om hvilka det gått sägner, i hvilka äfven Odens häst förekommer (Grimm 141 efter Ahlquist.) — I den s. 43 anförda Ydre-sägnen uppträder jägaren på en hög häst och lemnar efter sig till belöning åt smeden, som matat hans jagthundar, en hästsko af finaste silfver. — I Vg. har man enligt Afzelius I, 4 sägner om, huru *Odens hästar* betat på de ängar vid Sätuna, som nu kallas *Onsängarna*. — Afven i Upl. måste dylika sägner förekommit enligt Geijers yttrande: "om hans (Odens) *jagt* och hans *hästar* ha berättelser varit gängse i flera landsorter, såsom i *Upland*, i det på hedendomsminnen så rika Småland, äfven i Skåne och Blekinge" (sv. folkets hist. s. 95).

---

[1] Förloppet härvid finnes beskrifvet hos Hyltén-Cav. I, 212.

På sin nattliga jagt åtföljes Oden i den sm. sägnen af två svarta raggiga hundar (Hylten-Cav. I, 216); enligt meddelande af Amanuens Lindal föreställer man sig honom här äfven följd af en otalig mängd hundar. Jfr ock de två stora hundarne i Njudungssägnen om Kettil Runske (a. a. II, VH). I Ydre-sägnen omtalas två stora jagthundar. — I sammanhang härmed står det på flere ställen i södra Sverge förekommande uttrycket *Odens hundar* om vissa flyttfågelarter, som uppe i luften låta höra ett egendomligt ljud. I Värend säges "det är *Odens hundar*, som höras i luften" (a. a. I, 216). I Sk. talas om *Noens hundar* (a. a. II, VI), äfven, med folketymol. ombildning, *Noaks hundar* (Rietz; af berättelsen, att de jaga en trollpacka, synes sammanhanget med den vilda jagten). I Bl. förekommer *Odens hundar* (Rietz). Med afseende på Hall. yttrar Möller (a. a. s. 137): "O(d)ens hundar kallas (söder om Laholm) några flyttfåglar, hvilka vår och höst låta om aftnarna höra ett skällande läte".

Vidare ingår Odens namn sannolikt i det värendska *noaskeppet*, namn på skyarne, då de antaga form af en lång strimma; äfven i vissa delar af Värend är Oden bekant under namnformen *Noen, Noe* (jfr Hyltén-Cav. I 258 f.) En liknande molnbildning kallas i Sdm. enligt meddelande af Kandidat S. Boije, *Noaks ark*, säkerligen en senare omtydning af ett gammalt hedniskt uttryck, hvari Odens namn ingått (jfr "Noaks hundar"). — Skeppet *Skíðblaðnir*, troligtvis älst en mytisk uppfattning af molnet (se Mannhardt s. 90, 237), tillkrifves Oden i Ynglingas.

I sammanhang med uppfattningen af Oden såsom förnämligast krigets gud står den i Värend förekommande benämningen *Odens foglar* om alla de skilda arterna af korpslägtet (a. a., I, 213).

För öfrigt skildrar den sv. folksägnen Oden i allmänhet som en gammal man, skallig och med långt grått skägg. Folktron tillägger honom en sid och vid hatt eller en stor öfver hufvudet neddragen hufva samt en hvit eller hvitgrå rock; i den ofta nämda Ydre-sägnen uppträder jägaren klädd i harnesk. I en hos Hyltén-Cav. II, V efter P. Rudbeck anförd gammal Värends-sägen förekommer Oden med spjut i handen; enligt andra sägner bär han en stor staf. I Värend förestälde man sig honom äfven med arborst på ryggen, och man talar om Odens pilar (a. a. II, 233, III); detta drag torde vara urgammalt. I den yngre sägnen har en bössa trädt i stället.

Nämnas må ock, att man i Asa, Sm. visar *Odens graf*, (a. a. I, 131). Samma fornlemning åsyftas väl af Tuneld, då han talar om *Odens kulle*, en större grifthög i Asa s. — Odens graf visas enligt Tuneld ock i Odensjö s., Sm.

Ett uttryck, hvari vidare gudens namn ingår, är *tjäna Oden*. Det förekommer, så vidt jag vet, först hos Olaus Petri (sv. krön., utg. af Klemming, s. 13): "Men lijkare (än att våra förfäder dyrkat Oden för att få hjälp i strid) är thet at the haffua dyrkat honom för rijkedomar skul, at the skulle få godz och peninga noogh, och ther aff pläghar man än nu seya, at the tiena Odhenom som monga peningar och rijkedomar sammanslagga." Samma uppgift träffas hos Loccenius (se Geijer, Svea Rikes Häfder s. 152). — I Finvedssägner om huru jättarne, då de blifvit gamla, "ödde sig själfva genom att stupa utför branta berg", kallas detta att *offra sig till Oden* (Hyltén-Cav. II, 441).

I allmogens svordomar ingår ock Odens namn. A. a. I, 228, anföres efter P. Rudbeck från Sm. uttrycket *Oden ta mig*, hvarjämte detta äfven uppgifves för Sdm. Uttrycken *kors för Oden, ta mej Oden, far till Oden, Dä va Oen* anföras af Rietz för Sdm., Ög. och Sm[1]. — *Oden* i betydelsen hin onde angifves för Ög. af Ihre, dial. lex., och Kalén. — I sammanhang härmed må nämnas uttrycket *odenstyg* om hvarjehanda onda andeväsen: "älfvar och vättar, och jag vet ej hvad för odenstyg" (Rdq II, 108 efter Gaslander). Med ungefär samma betydelse

---

[1] Med afseende på liknande uttryck från Danmark kan jämföras Geijer a. st.

anföres af Hyltén-Cav. I, 228 efter P. Rudbeck "*onroot* eller *Odens root* eller quarlåtenskap"; II, VIII ändras *onroot* till *oa-rot*, och detta uttryck, äfven *foens oa-rot* (jfr. s. 43), nämnes såsom ännu brukligt i Skatelöf s., hvarest äfven om hus där man lefver illa, säges: "där är visst själfve *Ode*"[1]. Ihre anför dial. lex. ett vg. *oahol* stygt ställe, kyffe, som synes mig vara bildadt af *Oden (Ode, Oe)* i betydelsen ond ande.

Odens namn ingår i det af Rietz för Götaland uppgifna fågelnamnet *odens-svala*, ardea nigra. Ordet finnes åtminstone äfven i Ner.; Hofberg 245. — I Runa för 1849 omtalas s. 21, att växten *odört*, cicuta virosa, hos flere författare från 1600-talet, såsom Bromelius, Palmberg o. a. förekommer under namn "Odört och *Odens ört*", "Odört eller *Odensört*". Tillika uttalas dock den förmodan, att namnet *Odensört* är att anse som författarnes godtyckliga utvidgning eller vrängning af *odört*[2]. Hvad som emellertid ger deras uppgift särskild vigt och onekligen ganska starkt talar för dess riktighet är det a. st. äfven anförda äldre ty. namnet på samma växt *Wodendunck* (efter Smidts da. Lægebog af år 1546). Det kunde ligga nära att uppkalla denna starkt verkande ört efter Oden, hvilken genom att både i norden och Tyskland nämnas i besvärjelseformler för botande af sjukdom framstår såsom en läkekonstens gud, liksom den mot honom svarande indiske guden Vâta i Veda anropas om helsa och läkedom[3].

I personn. ingår *Oden* ej ofta i något af de nord. språken. I Sverge förekommer det i kvinnon. *Oþindisa* (se s. 39). Ett mot det i Danm. ej just sällsynta mansn. *Oþinkarl* (se t. ex. H. Peters. 44) svarande *Odinkarl* träffas dessutom i ett dombref från Ög. (1435); se Styffe 188 not 2. Ett härmed beslägtadt *Oþinskarl*

---

[1] Ur en besvärjelse, som synes öfversatt från da., anföres a. a. I, 423 *ond rot*.
[2] Till de exempel på denna kortare form, som i Runa anföras från äldre tid, kan läggas *odhyrth, odhyrt* i ordspr. utg. af Reuterdahl, n. 744 och 1028.
[3] Det synes mig ej omöjligt, att formen *odört* innehallor ett mot Vâta omedelbart svarande namn *Oþr*.

synes vidare ingå i ortn. *Onskarby*, Tierp, Upl. — DS IV, 54 nämnes i en afskr. en borgare i Stockholm *Hildebrandus Östenkarsson*; utg. förmodar, att det sista, troligen på något sätt förderfvade, namnet står för *Othenkarsson*.

I ortn. är däremot Odens namn en vanlig beståndsdel.[1] Jag har antecknat följande:

Upl. *Odensåker*, Almunge; *Odensby* DS III, 92 (odat.), nu Onsby, Alunda; *Odensfors*, Tierp (Tuneld); *Odhinshargh* s., Styffe (1392; Othinsharg DS II, 12, år 1286), nu Odensala; *Oþinsholmi* (dat.) DS III (1315), enligt reg. "forte in par. Ryd, prov. Danderyd"; *Odensholmen*, Hammarby[2]; *Odhinsland* (1369, äfven Othænsland, 1375), SRP, "tr. Onslunda i Alunda s."; *Odenslunda*, Fresta[2]; *Odenslunda*, Frösunda[2]: *Odinslunda by*, Styffe (1302), nu Onslunda, Tensta; *Onsike*, Tibble.

Onsta, Tierp, hör däremot ej hit, enär det enligt reg. till DS IV är att sammanställa med "Olstadhe par. Tyerpp" s. 259.

Sdm. *Odhinsheke* DS IV (1331; Odinseke, SRP, år 1365), nu Onsike, Ytter-Selö.

Dessutom anför Bergström s. 29 ett *Onsberga* samt s. 20 ett *Onsala*, som fordom hetat Odinsala.

---

[1] Föga troligt är att i dylika, åtminstone i något nämnvärdt antal fall, *Oden* är vanligt personn. Visserligen förekommer på detta sätt *Othen, Odin, Oden* någon gång, i Norge, Danmark och England (se H. Peters. 44, 45; Cl. Vigf. under Óðinn), men som det synes, mycket sällan. Och i Sverge har jag ej funnit något säkert dylikt fall; på "Othin i Husarö", Silfverst. D. I, 438 i en, såsom det synes, "på flera ställen felaktig" afskr. kan jag ej lägga någon vigt, då det så lätt kan vara missskrifning för Öthin. — I en mängd af ifrågavarande orta. anger för öfrigt senare leden (där den t ex. är harg, vi, lund, sal), att den förra är gudan.

[2] Fins nämd i en 1673 skrifven förteckning på upl. minnesmärken, införd i Runa 1848.

Ner. *Odens backe*, Asker; *Odhinswi* SRP (1385), nu Odens vi, Viby.

Vml. *Odensnäs*, Vestervåla; *Onsyö*, D. Dal (1548), nu Onsjön, Norberg; *Onsjö*, Vestanfors; *Odensvi* s., Styffe (1399), nu likaså. En gård Odhinswi i den lika nämda s. förekommer SRP (1351).

Hels. *Onsäng*, Ljusdal.

Jämtl. *Odensala*, Brunflo.

Värm. *Odenstad*, SRP (1361), likaså nu, Gillberga.

Dalsl. *Odhensö* i den gamla Nes s., Styffe 137 not. 1 (1421); synes vara att sammanställa med nuv. Onsön, Ed.

Kan *Odhnemskog* s., Styffe (1397), nu Ånimskog, höra hit?

Vg. *Odensaker* s., Styffe (1371; Odinsakyr DS V, år 1345), nu Odensåker; *Odensberg*, Edsvära; *Odens kulle* Gökhem (Tuneld)[1]; *Odhens kyœlda*, gränspunkt mellan Gudhems kloster och Håkonatorp, DS II, 23 (1287); *Onskälla* på Halleberg (Rietz s. 789); *Odenslunda* Flistad; *Onsered*, Tvärred; *Onsjö*, Larf; *Onsjö*, Naglum; äfven formen Odensjö anföres af Tuneld; *Othensö*, SRP (1371), "k. Onsön i Thorsö s. Vg." Uppenbart är det samma ort som i POL uppges under namn af Odensö, Torsö s.

Ög. *Odhensaker*, SRP (1382), nu Odensåker, Kullerstad; *Odensberg*, Nykyrka; *Odensborg* och *Odensfors*, Vreta kloster; *Odensgöl*, Yxnerum; *Odenstomta*, Kuddby.

---

[1] "Man skall fordom här dyrkat Oden".

DS I, 278 nämnes "par. Kullarstadha *Odhinsœt*", som synes tillhöra Linköp. stift. Det torde således vara det nyss nämda Kullerstad (med gården Odensåker!).

Sm. *Odensås*, Tveta, *Odenslanda*, Vederslöf (med en Odens lund; Hyltén-Cav. I, 138); *Odhinsredha* s. SRP (1389; äfven Odhensrydh 1418, Odensöryth 1413, Styffe), nu Odensjö[1]; *Odensjö*, Barnarp; *Odensjö*, Skatelöf. Gården har väl sitt namn efter Odensjön, en del af Åsnen, se Hyltén-Cav. I, 130. *Odensvallahult*, äfven skrifvet *Odensvalah*.[2], Urshult; *Othinswi* s. SRP (1384; Odhensvi Styffe, år 1408) nu Odensvi, K.; *Odhenswi* SRP (1351), äfven Odensøø DS V, 261 (afskr.), nu Odensvi, Högsby, K.

Öl. Om de stora stenar, som nämnas *Odins flisor*, Högsrum, och *Odinsten*, Högby, samt om dem gående sägner se Grimm 141 (efter Ahlquist).

Othanby (1279) hör väl trots den af Styffe från år 1456 anförda formen Odenby ej hit, då den nuv. formen är Ottenby (Ås).

Sk. *Odensberg* (se Grimm 139); *Onsema*(?), Fagerhult (Falkm.); *Othœnshœreth*, Vald. Jordeb., nu Onsjö här.; *Othinslunda* s., Styffe (1430), nu Onslunda; *Odensjö*, Röstånga, Onsjö här. (Falkm.); *Othenströö*, socken och sätesgård i Onsjö här., Styffe (bl. a. 1350), nu Strö eller Onsjö-Strö; *Othensworœ*[3] DS IV (1340), nu Onsvala, Tottarp; *Othinsöö* s. Styffe (1406); det nuv. namnet Ösjö, motsvarande ett gammalt Öisyöö (1327; se Falkm.), torde vara ett helt annat ord.

---

[1] "I O. skog fins ett monument i form af ett altare, som anses helgadt åt Oden. Äfven fins här en graf kallad Odens graf". Tuneld.
[2] Är den senare namnformen den ursprungliga, är väl ställets namn bildadt af fågelnamnet Odensvala.
[3] Den af Falkm. äfven anförda formen *Öthensworœ* kan väcka tvifvel, om detta namn verkligen hör hit, i det den synes ange sammanhang med det i sv. medeltidsurkunder ej just sällsynta mansn. *Ödhin* (isl. *Auðunn*); den kan dock bero på felskrifning, enär flere gamla former af detta ortn. med *o* finnas.

Nuv. Odenryd, Gustaf, hör ej hit, då den äldre formen är Udileröd (1624), Falkm.

För åtskilliga af de anförda sk. namnen träffas för öfrigt flere gamla former hos Falkm. 161 m. fl. st.

Hall. Othensalæ s., Styffe (1403; Othænsale Vald. Jordeb.), nu Onsala; *Odensjö* SRP (1377), nu Onsjö, Söndrum. *Odensberg*, Asige (Bexell, Hallands Historia och Beskrifning).

Finl. Hit höra *Onsby* i Esbo och *Odensö* i Pojo s., Nyl. enligt Freudenth. Nyl. ortn. s. 25. Vidare anför Rietz såsom finska ortn. *Odensnäs* (1 mil från Nådendal) och *Odensholm*, Pojo, af hvilka dock det sista kan vara detsamma som det nyssnämnda Odensö, äfven i Pojo. — En falsk antikvitet är däremot enligt Freudenth. Eg. Fin. ortn. s. 18 noten hemmansn. Odinsnäs i Snappertuna kapell af Karis s., hvilket namn blifvit till först på 1830-talet.

Odens namn ingår vidare sannolikt i *Odinsholm* (äfven Odensholm, Odesholm m.fl. former) utanför Estlands kust. Öns namn uttalas nu *Ootsholm*, hvarmed kan jämföras *otsdag*, det på Nuckö brukliga namnet på onsdagen. Jfr Russwurm I, 132 f., hvarest äfven omtalas sägnen, att Oden med sina skatter ligger begrafven på ett ställe på ön.

En sv. ort *Odhinstum*, hvars läge jag ej kan närmare bestämma, nämnes Silfverst. D. I, 409.

Rosenberg fäster i sitt nyutkomna arbete Åndslivet i Norden uppmärksamhet på en runinskrift från Sdm. **valhatlar visir**, hvarmed otvifvelaktigt syftas på Oden. Det första ordets skrif-sätt synes emellertid antyda, att inskriften härrör från någon norrman eller islänning (jfr. a. a.).

Odens tillnamn

I den isl. literaturen förekommer en högst betydande mängd sådana. Till några af dessa kunna med mera eller mindre sannolikhet sv. motsvarigheter uppvisas. I de flesta fall är det dock svårt att med full visshet ådagalägga öfverensstämmelsen.

Ett mot isl. *Gautr* svarande **Göter** anses af Säve, Gudan. 76 ingå i namnet *Gösta*, äldre *Gözstaver*, *Göstaver* (Rdq II, 263; i de gamla diplomen vanligen latin., t. ex. *Gødstauus* DS I, 453, *Gøzstawus* III, 16, *Gøstavus* I, 140; häraf det nu vanliga *Gustaf*). Denna härledning passar väl samman med senare ledens betydelse; "Odens staf" var en för de gamle nära liggande omskrifning för spjutet, och namnet blefve således ungefar liktydigt med *Asger*. Den synes därför vara att föredraga för sammanställningen med folkn., hvilken for öfrigt träffas redan hos Peder Swart, som tolkar Gustaf Vasas namn ("Götstaff") *Baculus Gothorum*. — Äfven i några andra namn såsom *Göte* (t. ex. DS III), *Götar* (latin. *Gøtarus* DS III), *Götmar* SRP, *Götulver*, DS IV träffas ett *Göt-*, som här dock kan sammanställas med folkn. Sammanhang med Odens ifrågavarande namn för dylika bildningar antar Maurer, Bekehrung II, 50 not. 19. Att på likartadt sätt bildade namn förekomma äfven på ty. ståndpunkt, bevisar åtminstone ej omöjlighet af dylikt sammanhang, då spår af *Gaut* som gudan. finnas i Tyskland; se Grimm 345.

Möjligt är vidare, att det i några ortn. ingående *Göts-* syftar på Oden. Sådant kan t. ex. vara fallet med *Gözstadha*, Styffe (1393), nu Gösta, Vånga, Ög. Men man kan här ock tänka på mansn. *Göter*, isl. *Gautr* (egentligen väl ett som personn. brukadt folkn.: "en götisk man"). — Sockenn. Gösslunda, Vg. hör ej hit, då dess äldre form är Gythislunda, Styffe (1367).

I ortn. sådana som *Götaui* SRP (1399), nu Götevi eller Götvik, Ekeby, och *Götavi*, SRP (1352 m.m.), nu Götevi, Vallerstad, båda i Ög., ligger det närmare att tänka på sammansättning med folknamnet i gen. pl. än en motsvarighet till den i isl. om Oden äfven använda namnformen Gauti. Samma torde förhållandet vara med de i Ner. belägna *Götatwi*, SRP (1354), Vinteråsa och *Göthalunda* s., Styffe (1427), nu Götlunda, då Ner. möjligtvis ursprungligen tillhört Götaland (se Tengberg, den äldsta territor. indeln. och förvaltn. i Sverige, s. 14).

Ett annat isl. namn på Oden, som möjligen ägt motsvarighet i fsv., är **Hár**, den höge. Att nämligen detta namn, och ej blott adj. *har* i sin egentliga betydelse hög, ingår i det ej just ovanliga mansn. *Hamunder* (t. ex. latin. Hamundus DS III, 98; jfr ock åtskilliga härmed sammansatta ortn. i SRP), isl. Hámundr, synes ganska troligt, om därmed jämföras namnen *Guþ-, As-, Ræghin-, Þor-, Frö-munder*; vanligen är det ock subst., som bilda första led i namn på *-munder*. — Detta Odens tilln. torde vidare ingå i mansn. *Hasten*, isl. Hásteinn; jfr *Guþ-, Þor-, Frö-, Vi-sten*. Då namnet Sten säkerligen älst gifvits med syftning på den heliga offerstenen (se Maurer, Bekehrung II, 196), passar sammansättning med gudan. här väl. Namnet träffas t. ex. DS III, 67 såsom Hastanus, i SRP under den sv. formen Haasten. — Äfven andra med *Ha-* började fsv. namn finnas, såsom *Ha-friþer* (Hafridis DS II, 16 m.m.), *-kon* (flerest.), *-riker* (DS III), *-ulver* (L. 824), *-viþer* (Havith SRP) samt *Havar* (DS III), utan att jag dock af dem vågar draga bestämdare slutsatser. — Diet. fattar namnet *hasvi* L. 381, *haosvi* L. 380 (väl samma person; båda i UFT) såsom ett kvinnon. med grundbetydelsen "des

Hohen Heiligthum"; detta synes mig dock tvifvelaktigt, enär mig veterligt kvinnon. på -vi eljest ej förbindas med föregående led i gen.[1]

Äfven i åtskilliga ortn. ingår *har*; i allmänhet torde det här vara rent adj., blott utmärkande höjd, dock ligger det i några fall nära att tänka på betydelsen den höge, Oden. Så i *Hasta*, SRP (1392), om man härmed jämför namnet på den s., hvari orten ligger, Odensala (Upl.); här kunde gen. *Has* ingå. Jfr ock Falkm. 137. — På grund af senare leden kunde man ock tänka på *Halunda* (Ericus in Halundum, DS III, år 1311), nu Hållunda, Tibble, Upl. — Särskildt frestande är att söka en påminnelse om Oden i namnet på det ej långt från sistnämda ort belägna *Håtuna*, där ju det gamla Sigtuna låg, hvars namn bestämdt erinrar om "Hropts sigtoptir" i Völuspá; ortn. Torstuna, Frötuna, Ulltuna, Närtuna träffas alla i Upl. För den vanliga förklaringen talar dock det isl. appell, *hátún* hög plats.

En svag gen. form motsvarande den i *Hávamál* synes ingå i *Havamyr* (Kytiluastus de Hauamyri), DS II, 602 (1310).

En motsvarighet till Odens isl. binamn **Herjan** har men velat finna i det i några sv. lagar såsom okvädinsord nämda *hœriansun, herians son, hœrienson* (se Schlyter). Såsom Docenten F. Tamm för mig påpekat, har emellertid detta sv. ord, som endast förekommer i fyra tämligen unga lagar, nämligen Söderm. L., Bjärk. R., M. Erikssons Stadsl. och Christoffers Landsl., direkt motsvarighet i medeltidens lågtyska. I äldre da. synes ordet ej häller förekomma, men väl senare; det da. *hœriœnskeeth*, "nequitia", visar sig genom ändelsen vara en från ty. lånad bildning. Jag tror därför med Docenten Tamm, att detta sv. ord är ett ty. lånord; hvilken betydelse det ty. ordet ursprungligen haft, är för mitt nuv. syftemål utan betydelse. — I den isl. literaturen förekommer Herjans sunr, äfven sammanskrifvet herjanssonr, flerestädes, i allmänhet såsom rent

---

[1] Ordet kan lika väl vara mansn. och kunde i detta fall förklaras som best form af ett adj. motsvarande isl. *höss* grå; jfr träln. *Hösvir* i Rigsþ.

okvädinsord, utan att röja något slags sammanhang med Oden[1]. I Rolf Krakes S. (Fornaldar S. I, 107) kallas till och med Oden själf "*herjans sonrinn* enn fúli ok enn ótrúi". — Äfven det isl. uttrycket torde bero på lån från lågty., hvarför äfven det isl. adv. herjansliga, som synes vara bildadt efter det ty. heriensliken, talar.

I isl. forekommer **karl** väl ej egentligen som tilln. till Oden, men begagnadt om honom (egentligen i betydelsen åldring; jfr Hárr, gen. Hárs). I den bekanta vers, som i Snorraeddan lägges i Lokes mun, då han såsom Þökk uppfordras att "gráta Baldr or helju", kallas Balder "karls sonr", den gamles, Odens son. — Det ligger nu nära att söka én ursprunglig hänsyftning på Oden i namnet *karlvagnen* eller *karlavagnen* på en stjärnbild, som den germ. folktron satt i förbindelse med denne gud. Hos nederl. diktare från 15:de århundradet träffar man nämligen uttrycket *Woenswaghen*, i en del af Tyskland Hackelbergs Gespann (se Mannhardt 132), och på nord. ståndpunkt bör, såsom Bugge påpekat, reið Rögnis i Sigrdrifum. förklaras i öfverensstämmelse härmed. — Hvad det sv. uttrycket angår, kan jag, då jag ej känner det från riktigt gammal tid, ej bestämma dess ursprungliga form. Redan i Gustaf I:s bibel träffas (Job 9,9) *Karlawagnen*, hvilket såsom innehållande en gen. pl. ej omedelbart kan syfta på Oden. Härjämte fins dock äfven hos Spegel *Karl-wagn*, och dial., i Vg., träffas enligt Runa 1843, s. 15 noten rent af *karlsvagnen*. För dessa uttrycks större ursprunglighet synes det da. Karlsvognen tala. — I isl. synes blott det icke sammansatta vagn förekomma[2].

---

[1] T. ex. Flateyjarb. (Christ. 1860) I, 256: ... mer þátti æiga at læida dræingium ok *herians sonum* þat at huerr putuson kallade mig fodur at ser; Þiðreks s. (Christ. 1853) 106: þann frið skal ok setia, at eigi Þori hverr *herians son* at bioda mer einvigi (variant till: hver bickia eða greybaka) m.m.

[2] Mot den ofvan gifna förklaringen synes det i Rimbegla förekommande *kvenna-vagn* om Lilla Björnen strida; dock är det väl ej omöjligt, att detta uttryck uppkommit i följd däraf, att man i karl inlagt en annan betydelse, än det här i sammansättningen älst ägt. På likartadt sätt kan ock den sv. formen *karlavagnen* ha uppstått.

Grimm erinrar 138 f. vid omnämnande af fty. ortn. såsom Wodenesweg o. d. om Upl. L. *karls vægher* om allmänna landsvägen. Här har man dock säkerligen ej att se någon påminnelse om Oden, då uttrycket fullständigt lyder "karls vægher ok konungs", samt, såsom Schlyter i ordboken visar, i flere juridiska uttryck karl i betydelsen den enskilde ställes i motsats mot konungen.

Däremot torde ett *kall* = karl (jfr Rdq. H, 30) med syftning på guden ingå i ortn. *Kalswi*, DS IV (1335), nu Kalfs-vik, Österhaninge, och *Kalswi*, DS V (1345), nu Karlvik, S. Nikolai, båda i Sdm. Åtminstone vet jag ej någon bättre förklaring att gifva för dessa ord, hvilkas sista led anger en gammal gudstjänstplats.

Måhända ingår namnet **Ygg** (isl. *Yggr*) i ett sådant ortn. som *Ygxstadhum* DS II, 701 (omkr. 1300; väl nuv. Yxstad, Rogslösa, Ög.) eller i mansn. *Hyggiulphus* II, 377 (1303).

En motsvarighet till Odens isl. namn **þundr** torde ingå i ortn. *Thundrøshœreth*, Vald. Jordeb., hos Styffe Tundersæ (1389), nu Tönnersjö, Hall., kanske ock i *Tundderstadher* DS II, 181 (afskr.). — Mansn. *Tönnes* hör säkerligen ej, såsom man trott, hit, utan är uppkommet af Antonius; enligt Russw. II, 356 heter Antonius-dagen på Nuckö och Wormsö *tönnisda*.

Hvad som eljest här kunde uppletas, synes mig ännu mera osäkert. Ortn. på *Grims-* (jfr t. ex. reg. till SRP; *Grimshögh, Grimskelda, Grimsrydh* nämnas DS II, 173) kunna likaväl vara sammansatta med mansn. *Grimer* som med Odens tilln. — Däraf att Oden i en isl. saga (Fornaldar s. Norðrl. II, 25) uppträder under namnet *Höttr* (Hatt), vore det utan tvifvel för djärft att draga slutsatsen, att sådana ortn. som *Hattas* (i andra handskr. Hatteras), VGL, nu skogen Hattåsen, Gullered s., Vg., eller *Hattasiohult* SRP (1364 m.m.), nu Hattsjöhult, Sandsjö, Sm., äro uppkallade efter guden.

Tor

O m den särdeles stora betydelse, som tron på denne gud äfven i Sverge ägt, finnas talrika intyg. Adam af Bremen nämner honom svearnes mäktigaste gudomlighet; vid beskrifningen af Upsala tempel heter det hos honom: "statuas trium deorum veneratur populus, ita ut potentissimus eorum *Thor* in medio solium habeat triclinio".

Femte dagen i veckan, romarnes dies Jovis, fick hos germanerna äfven namn efter åskans gud. Sv. Med. Bib. I, 68 heter det om denna dag: "ware forfædher kalladho han thorsdagh aff *Thoor* som wældoghaster war mz Odhine". Jfr ock Cod. Bur. 61, där *Þors daghar* räknas bland de dagar, som ännu under kristen tid hafva namn "af heþnom afguþum". För öfrigt träffas formen *Þors dagher*, hvaraf det nysv. torsdag, flerestädes i de gamla lagarne, särskildt i samman-sättningarna *hælghi, skiær-þorsdagher* (båda i VGL I).

I folktron har minnet af Tor med seghet hållit sig kvar, något som till stor del synes bero på den egendomliga till en mytisk uppfattning alt framgent lockande arten af den natur-företeelse, åskan, hvaraf han ursprungligen var en personifikation, och hvarmed han städse tänktes i närmaste samband. Mindre än Oden synas han hafva öfvergått till ett mot människorna fientligt väsen; däremot tänkes han bekämpa trollen, liksom han i den isl. sången och sagan skildras som jättarnes fruktansvärde fiende. Anmärkningsvärda sägner, i hvilka Tor uppträder på ett fullt personligt sätt, äro den hos Hyltén-Cav. II, 30 efter P. Rudbeck meddelade sm. sägnen om Lyftesten, hvilken, om Rudbecks uppteckning får anses tillförlitlig, innehåller högst märkliga enskildheter; vidare den bohusl. om Tor i Hafgård och hans guldhammare, Holmberg III, 15; jfr ock sägnen om den af Tor dräpte jätten a. a. II 118. — I sammanhang härmed må nämnas den bekanta hos Arwidsson aftryckta folkvisan om *Torkarl* (Torckar), från hvilken Trolltram stulit guldhammaren, för hvilken visa den gamla Þrymskviða ligger till grund. I betraktande af det sätt, hvarpå folkvisor utbredt sig från ett af de skandinaviska landen till de andra, har man dock, såsom Jessen påpekat, knappast rätt att, däraf att denna visa, till hvilken no. och da. motsvarigheter finnas, förekommit i Sverge, omedelbart draga slutsatsen, att det nämda hedniska kvädet varit kändt i vårt land. — En visa om *Tore*, som slog bergresarne, fins anförd Runa folio 1873 s. 19. Möjligt är, att med *Socke-Thore* (en förvrängd motsvarighet till Öku-Þórr?), "Skivers" eller "Stivers man", "med hammar och tång" i en vall-låt från norra Bohusl. (se Dyb., Sv. Vallvisor och hornlåtar, Stockh. 1846) syftas på Tor. Jfr ock visan och sägnen Runa 1842, 21. — Om med "unge Thor", i visan Runa 1844 s. 106 eller "hoje Thor" i versen hos Hyltén-Cav. II, LIII ursprungligen syftats på guden, kan jag ej afgöra.

I synnerhet är det såsom åskans vållare, som Tor lefver i allmogens minne, och hans namn har i uttryck, som syfta på åskan, ofta rent af öfvergått till en benämning för denna naturföreteelse. Dels anföres från olika delar af mellersta och norra Sverge samt Finl. namnet Tor[1], till och med *Helge Tor* (i *Helge Tors källa*, Skatelöf, Sm., om hvilken sägnen gått, att den store Tore gud låtit henne upprinna, Hyltén-Cav. I, 133; jfr ock visan hos Rietz 729), vidare förekommer *Tore-gud* (jfr det följande), likaså den bestämda formen *Toren* (Ihre anför ur Laur. Petri postilla: "Likasom *thoren* hade slaget them ned"; enligt Säve, gudan. 78 kallas i Vesterdal, åskans herre *Tor'en*; "*Toren* går", Jämtl., Hyltén-Cav.), *Torn*

---

[1] Märkligt är uttrycket "*Tor* i fjell", som af Holmberg, Nordbon under hednat. s. 578, anföres som ett i folktron lefvande namn på torsdagens herre; häri ligger ett minne af den gamla uppfattningen af molnet som berg.

(Vb.; Gotl. Samma ord är väl det af Ihre i betydelsen åskdunder anförda *torn*), hvarjämte Hyltén-Cav. från Värend anför *Åsatoren, Gobondatoren*, från Jämtl. *Fader Toren*. Dels förekomma i de flesta delar af vårt land omskrifvande benämningar såsom *Torgubben*[1], *Gobonden* eller *Gobon, Gofar* (äfven *Guffar*), *Gogubben, Kornbonden, Åkergubben*, de dal. *Skaurmann, Skairkalln* m.fl., af hvilka flere utmärka guden såsom en regnets och årsväxtens herre; jfr Rietz samt den särdeles fullständiga och intressanta samlingen hos Hyltén-Cav. II, IX. Här må ock nämnas det estsv. *bisen*, Russvurm II, 248. — Anmärkningsvärda äro uttrycken *Kornmoden* (Södra Värend; han fattas här som en person, se Hyltén-Cav. I, 230), *Kornmoen* (Sk.), *Gomoen* (Sk., Bl.); en ombildning häraf är väl *kornmogen* i betydelsen kornblixt. Äfven utom Sverge finnas motsvarigheter; i da. fins Korn-mo eller -mod, kornblixt; och för no. anför Aasen, ehuru med frågetecken, Kornmod, m. "matte Lysglimt i Luften (som af Lynild i lang Frastand)". Kan senare leden stå i något samband med namnet på Tors i Eddorna omtalte son Móði? I detta fall vore jag benägen att föreställa mig saken på följande sätt. Móði hade ursprungligen varit ett tillnamn till Tor, utmärkande honom i hans gudomliga vrede, "ásmóðr"; ur detta uttryck hade sedan, såsom det ofta gått, utvecklat sig föreställningen om en son till guden, under det dock ordet i allmogens språk fortfarande användes att beteckna åskans herre. Om det no. moe, mogje. moje, m., "Solrøg, tørre Dunster som vise sig i Luften i varmt Veir; tynde Skyer i Horizonten" (Aasen), står i något sammanhang härmed, kan jag ej afgöra.

Åtskilliga i olika allmogemål förekommande uttryck, som beteckna, att åskan går, låta den gamla personliga uppfattningen skina igenom, i det att sådana predikat som *gå, åka, köra* användas. Sådana äro t. ex. Toren, Åkerbonden går,

---

[1] Rhyzelius yttrar i sin Brontologia Theologico-historica, Stockh. 1721, s. 15 om åskan: "Thetta kalle wi Dunder, Thor- eller Åskie dön, och thet gemena folcket på landsbygden säger tå, at *Thorgubben*, Gogubben eller ock *Korngubben* åker eller går." — Jfr Russw. II, 101.

62

Gofar körer, Gobonden åker (Ihre), de dalska Skairkalln åk (Orsa, DFÅ), Skurmann ok nið (Österdal., Säve, gudan.); det finska Tor bullrar, estsv. liuo bisin buldrar, bisin kastar äjld (Russwurm II, 248). En samling dylika uttryck fins hos Hyltén-Cav. H, IX; jfr ock Rietz under Thor.

Här må påpekas, att i flere trakter af vårt land åskan fattas som ett kvinligt väsen. Man har härpå namnet *Goa*, bestämd form *Goan* (Sdm., Ner., Vg., Ög., Hall., Bohusl.; jfr uttrycken Goa går, körer, åker; se Rietz, Hyltén-Cav., Hofberg); äfven *Gomor, Gumor, Gomora, Gomåra* (Värm., Dalsl., Sk., Hall., Bl.; se Rietz). Säkerligen ingår i dessa namn älst adj. god. — Härmed kan jämföras att man enligt Aasen på flere ställen i Norge i betydelsen "Torden, Tordenskrald," har Husbreia, Husprei, f., samma ord, som i äldre ordsamlingar träffas med betydelsen hustru[1]. — Just på grund af öfverensstämmelsen synes det icke vara för djärft att betrakta dessa uttryck såsom minnen af en gammal åskans gudinna, fastän eddorna ej omtala någon sådan. Zimmer har i Zeitschr. für Deutsches Alterth. 1876 visat, att Fjörgyn, Tors moder, utvecklats ur en, ursprungligast visserligen som manlig tänkt, gudomlighet för åskan. Jfr ock Grimm 157. — Denna förklaring synes mig sannolikare än en annan, som också fallit mig in, att nämligen de behandlade fem. nord. orden kunde vara nybildningar, beroende därpå, att det sv. åska, hvars grundbetydelse utan tvifvel snart råkade i glömska, samt det i Norge vanliga, i ett par sv. dial. äfven förekommande *tora* äro fem.

Tors namn ingick ock i bekräftelseformler. Härom yttrar Olaus Petri i sin krönika s. 12: "Om thenna guden pläghade the allmenneliga sweria och seya, *Ja Thore gudh, Ney Thore gudh*, som än nw när gambla bönder i brukning är." Enligt Hyltén-Cav. I, 233 brukades samma uttryck ännu vid slutet af 1600-talet i Värend. — Enligt meddelande af Amanuensen Lindal förekommer i den gamla

---

[1] Aasen yttrar därom: Dette ... kunde maaskee opfattes som "Fruen'" (el. Thors Frue).

sv. komedien Vitulus flerestädes eden: *vid Tor.* — Härmed kan för Danmarks räkning jämföras, att eden "Nej, Tore gud!" ännu på Worms tid förekom (se Geijer, Svea Rikes Häfder I, 153.

Namnet ingår vidare i åtskilliga ord och uttryck såväl i riksspr. som munarterna, särdeles i benämningar på åskan, hvilken därmed betecknas såsom ett verk af Tor. Så i ordet *tordön*, fsv. *þordön, thordyn*, mask., Rdq II, 51; dialektformen *torendön* anföres af Hyltén-Cav. II, X (jfr da. Torden, no. dial. Toredyn, Toredun; isl. tycks ej äga någon omedelbar motsvarighet, ty det i nyare isl. poesi förekommande *þorduna* är enligt Cl. Vigf. bildadt efter da. Jfr ock sk. gomosdön.). Detta sammansatta ord ingår vidare i åtskilliga dial. uttryck såsom *tordönsstenar*, forntida stenredskap, äfven om echeniter, Rietz; de gamla stensakerna betraktades såsom den förkroppsligade blixten, vapen, hvilka åskans gud slungade efter trollen. Ur någon mytisk föreställning utgå väl ock växtnamnen *tordönsnässla* om Urtica urens (Runa för 1849 efter Smith m.fl.; örten skall på Isl. anses af alla växter äga den kraftigaste verkan mot trolldom) och *tordönsskräppa* (äfven döneskräppa) om Rumex domesticus, Sk., Rietz,[1] — Af tordön är ock det af Rietz för Sk. och Bl. uppgifna verbet *tordöna*, åska, bildadt; jfr da. tordne. Om det från Dalsl. och Bohusl. angifna likbetydande torna, såsom Hyltén-Cav. II, X antar, hör hit eller är bildadt af den best. formen af gudens namn, kan jag ej afgöra.

Ur en medeltidshandskrift, "troligen från början af 15:e århundradet", anför Rietz ordet *toraakt*: "eth stort t. oc liongeller". Mycket nära stående bildningar äro *toråk*, tordön, hos Lind (dial. anför Hyltén-Cav. II, IX ordet från Dal.[2] liksom den best. formen *toråket* från Värend) och det föråldrade gotl. *torsaka* (Rdq. II, 210; Hyltén-Cav. uppger a. st. formen *toraka*; Ihre, Dial. lex., anför såsom gotl.

---

[1] I skällsordet tordönanöt, Sk., Rietz, står väl däremot första leden blott förstärkande ungefär som blixt — i blixtfull, dunder — i åtskilliga dialektord.
[2] Jfr *torack beld'n* om åskviggen, Orsa, DFÅ.

torsåka); jfr ordet åska samt en del s. 44 anförda dialektuttryck. — Att ortn. *Toraka*, Röthel, i en af svenskar förr bebodd del af Estland (Russw. I, 71) synes sammanhänga härmed, har redan s. 28 anmärkts. — En något afvikande uppfattning ligger till grund för uttrycket *torgång* om åskan, Jämtl. och Ångml., Hyltén-Cav. a. st. — Från Gotl. uppgifves såsom namn på åskdundret vidare *torsskralld*, Hyltén-Cav. II, X; jfr da. Tordenskrald. — Dial. förekommer ytterligare *toril*, hastigt öfvergående åskväder, Vb., Finl., och *torevär* (jfr no. Toreveder, ty. Donnervetter), åskväder, Dalsl. (Rietz).

För blixten upptar Lind uttrycken *torblixt, toreld*; det senare fins ock i Rhyzelii s. 43 omnämda arbete, där i titeln talas om "Åskeslag, *Thor-eldar* och andra stora brandskador", hvarjämte det dial. uppgifves för Vml., Ångml., Jämtl. och Härjed., under formen *toreneld* för Dal. och Hels., såsom *Torsälld* for Gotl. (Hyltén-Cav., Rietz). För den förkroppsligad tänkta åskstrålen, hvilken folktron velat återfinna i forntida stenredskap äfvensom i forsteningar m.m., finnas ock åtskilliga tillhörande uttryck. Sådana äro *torkil, torenkil*, Dal., Hels., Ångml., *torskäil*, Gotl. (Hyltén-Cav. Jfr ty. Donnerkeil); *torvigg* eller *torvigge, torn-* eller *toren-vigg*, Upl., Medelp., Ångml., Jämtl., Götal., Finl., (Hyltén-Cav. II, 222, IX; Rietz. Jfr uttrycken åskvigg, govigg, estsv. bisavigg); *torsten*, Medelp., Jämtl., *torensten*, Hels. (Hyltén-Cav. Jfr gobonda-, gomos-sten m. fl. sv. dialektuttryck äfvensom no. torestein, da. Tordensten, ty. Donnerstein)[1].

Åskmoln kallas enligt Rietz i Dal. *tornmoln*, i hvilket uttryck gudens namn, ehuru sannolikt med folketymol. ombildning[2] synes ingå; jfr dal. skaurmannsmoln, sk. gomonamoln. Likartadt synes förhållandet vara med det gotl. *tornstackar*, Hyltén-Cav. II, X. Senare leden måste vara detsamma som stack, kjortel, isl. stakkr, ett klädesplagg; jfr ett annat namn på åskmolnen,

---

[1] En något olika uppfattning röjer sig i sm. *åskapilen* (Hyltén-Cav.), hvarmed kan jämföras *åskieskott* hos Rhyzelius s. 15. — Jfr ock estsv. *bisikula*.
[2] Med afseende på uppfattning af molnen såsom torn kan jämföras Mannhardt s. 91.

åskakåpor, a. a., I, 231. Den i viss mån beslägtade uppfattningen af molnet såsom hatt finner man i uttrycken *torenhattar*, Hels., Ångml., Jämtl.; jfr värendska gofarhattar m.m., a. a. II, IX. — Andra mytiska namn på åskmolnen äro *torgubbar* (jfr. s. 60, likaså de värendska gofara-, åska-gubbar) och *torguvar*, båda från Ångml. och Jämtl., a. a. II, X; det sistnämda ordets senare led är uppenbart att sammanställa med ångml. guvä, f., regnmoln, som hastigt far öfver himlen (Rietz), isl. gufa, rök, ånga. — Ett synnerligen anmärkningsvärdt uttryck är det enligt Säve, gudan. 78 i Vesterdal. förekommande *torshamrar* om små svarta åskmoln; jfr *torhamrar, torenhamrar* om åskmoln, Ångml., Jämtl., Härjed. (Rietz, Hyltén-Cav.). Älst var Tors hammare säkert en mytisk uppfattning af blixten, men då det ursprungliga sammanhanget råkat i glömska, kunde man lätt komma att se hammaren i åskmolnen; jfr förhållandet med Odens hundar (s. 45), älst sannolikt vindar (jfr Mannhardt 111), samt ty. Donnerziege, no. mekregeit, Scolopax gallinago, där hvad som ursprungligen troligtvis varit ett mytiskt namn på åskmolnet, öfvergått till benämning på en fågel. — Vigtigt är ock det gotl. *Tors bukkar* om åskmolnen (Hyltén-Cav.), då detta uttryck visar, att den i Eddorna förekommande myten om de bockar, som draga Tor, varit känd ock i Sverge. På samma myt syftar ju ock folkseden med julbocken. — Ett anmärkningsvärdt mytiskt namn på åskmolnen, som dock ej omedelbart innehåller Tors namn, är det a. a. anförda sk. *gomosaven*; senare delen är tydligen slägt med det i flere delar af Sverge dial. förekommande mask. ave, som enligt Rietz i Vg. har betydelsen moln (jfr ock verbet ava), men eljest betecknar en vattensamling eller en vattensjuk, af vatten omgifven mark. Den gamla uppfattningen af molnet som vattensamling ligger väl älst till grund för uttrycket. — Nämnas må ock det estsv. *bisaborg* ("die groszen dicken Gewitterwolken führen den Namen b.", Russw. II, 248), där molnet är fattadt som åskgudens borg[1].

---

[1] Jämföras kan det värendska gobonnatorn, Hyltén-Cav. I, 231, ifall detta ord är bildadt af torn; förf. synes anse, att gudens namn omedelbart ingår däri.

Äfven åskregnet nämnes enligt Hyltén-Cav. II, X på Gotl. efter guden *torsregn*, jfr s. 20. — I Värm. användes enligt. Geijer, Svea Rikes Häfder I, 153, uttrycket *torshålan* om sydvest eller den trakt på himmelen, hvarifrån åskväder mest uppkommer. — Här må ock nämnas det gotl. *torspjäskä*, fem., ett kvinnotroll, som anses fly för blixten in i ett hus, där åskan slår ner, Rietz (äfven *torenpjäsket*, Hyltén-Cav.).

Också ett verb med betydelsen åska har allmogen bildat af Tors namn; Rietz anför från Hels. och Medelp. *dä torar*. *Tora* förekommer ock som fem. subst. i Värm. och Hels., liksom detta ord i no. dial. är det vanliga uttrycket för åskan; det synes vara den substantiverade infin. af nämda verb. Vid sidan af det s. 45 nämda verbet *torna* fins på samma sätt i Bohusl. *torna*, tordön, åskväder (Holmberg).

Enligt Hyltén-Cav. I, 243 är det mytiska väsen, som i allmänhet i Sverge af allmogen kallas gloson, i Tveta här. af Sm. kändt "såsom *Torresuggan* eller Thors-suggan". Ehuru den förra namnformen är underlig, synes dock det sammanhang med Tors namn, som a. st. antages, ligga närmast. Då det fins anledning att sammanställa gloson med den i Eddorna Frey eller Freyja tilldelade galten Gullinbursti, om hvilken H. Petersen s. 65 sökt visa, att han ursprungligast tillhört Tor, är det ganska anmärkningsvärdt att i Sverge för henne finna ett namn, som synes ställa henne i förbindelse med denne gud.

Gudens namn ingår vidare i växtnamnet *torsnässla*, Scrophularia nodosa, Sdm., Rietz; likaså i *toreskägg*, Sempervivum tectorum, Ner., Dal.; jfr ty. namnet Donnerbart, medeltidslat. barba Jovis, franska joubarbe; växten har i norden liksom hos de gamle romarne ansetts afhålla blixten från de hus, på hvilkas tak den är planterad (se Runa 1849 s. 20).

Huruvida det Runa 1842 s. 20 anförda namnet på en folklek från Vml. *Torhök* har något att göra med gudens namn, är dunkelt.

Om den efter Tor benämda *torsdagen* har redan talats. Denna dag har in i senaste tider af den svenska allmogen flerestädes högtidlighållits på ett sätt, som vittnar om, att den under hednatiden åtnjutit särskild helg. Detta helighållande har i Sm. betecknats med uttrycket "hålla *torshelg*", äfven "helga Tor" och "helga Toregud"; se Hyltén-Cav. I, 188; II, III. — Gudens namn kan vidare synas ingå i *torsmånad*, januari. Från äldre tid känner jag ett fall, där detta ord förekommer, nämligen i Ordspr. utg. af Reuterdahl s. 19: "æ grätha karla *thords(!) manadha* grødha"; det står här om mars månad (den lat. öfversättningen har marcius). Troligt synes mig dock, att detta ord ursprungligast ej haft med Tor att göra. I isl. förekommer nämligen *þorri*, *þorramánaðr* såsom namn på den första månaden efter midvinter. Detta ord ställes, säkerligen med rätta, af Vigf. i förbindelse med verbet þverra (jfr part. þorrinn); "the month of the waning or "ebbing" winter". Motsvarighet härtill fins i no. torre, "den "Maane" som følger næstefter julemaanen og for det meste omfatter en stor Deel af Februar" (Aasen); likaså i Sverge, nämligen i vg. torre, mask., torrmånad (med öppet o), Rietz. Det är nu föga troligt, att två till betydelse och ljud hvarandra så nära stående ord från början varit af olika ursprung. För den isl. formens ursprunglighet tala de omedelbara motsvarig-heterna därtill inom andra nord. språk, och jag tror därför, att det sv. torsmånad är en på folketymologi beroende nybildning, ehuru af jämförelsevis hög ålder. Därför att den är mindre ursprunglig, tala ock de växlande former, som förekomma; i Ner. fins nämligen *tormånad* om januari (Rietz), och i Danm. förekommer formen *tor-maaned*, här om mars. På det vanliga sv. *torsmånad* synes mig analogi från ordet *torsdag* ha verkat. — Att emellertid ordet i Sverge redan tidigt omtydts så, att man däri velat finna guden Tors namn, synes ock af några hos Rietz anförda gamla rim, där *Tor* förekommer som namn på en månad, dels januari (Sm.), dels äfven mars (Sk.; Rietz s. 17, 131, 729), äfvensom af de epitet, hvilka i dessa rim tilläggas Tor. I ett från Sm. heter det:

"Tor slår med sin slägga";

och i ett från Sk.:

"Tor mä sitt långa skägg".

Det förra uttrycket tyckes syfta på Tors hammare; med det senare kan sammanställas, att folksägnen i likhet med den isl. sagan föreställer sig Tor rödskäggig (se Hyltén-Cav. I, 230), samt att man enligt Nilsson, Skand. Nordens Urinv. II, 45 i Sk. förr kallat åskans vållare "den gamle med skägget"[1].

Mycket vanligt var det hos de gamle nordboarne att använda Tors namn vid bildandet af afledda och sammansatta mans- och kvinno-namn. Redan i fornisl. skrifter finner man uppmärksamheten fäst härpå (se bl. a. H. Petersen s. 38, 42). De hithörande sv. namn, hvilka jag funnit, äro följande:

Þora: Þura[2] L. 64, 868, 1158, 1346 (T), 1349 (T), 1367 (enligt T), 1383 (T.), 1564, VFT II, 23; Þora L. 22, 23, 347 (samtliga i UFT), 1117. Namnet fins dessutom i diplom, t. ex. DS III, 578. Det ingår ock i det sammansatta kvinnon. *Ingiþora*, som fins på flere runst.

Þoralder (väl för **Þorvalder*): Thoraldus DS I, 95; IV, 204.

---

[1] Ett annat ord, hvilket, ehuru icke ursprungligen hithörande, genom folketymol. omtydning blifvit ställdt i samband med Tor, är *tordyfvel*, såsom synes däraf att djuret enligt Holmberg, Nordbon under hednat. s. 578, på ett eller annat ställe kallas *torbock*; äfven namnet *torbagge* torde bero på en dylik omtydning.

[2] Äfven böjda former inräknas här och vid de följande ord, där de obl. formerna ej på något anmärkningsvärdare sätt kunna växla, under nom. formen.

Þorbiorn; detta namn är under växlande skrifsätt mycket vanligt: **Þurbiurn** L. 67 (Dyb.), 231 (UFT), 264, 299 (UFT), 626 (UFT; samme man nämnes ock som **Þürbiurn** 2009), 1052, 1207, 1396 (enligt T.), UFT n, 29; **Þurbiourn** L. 1231; **Þurburn** L. 10 (UFT), 1112, 1139, Dyb. II, 190; **Þurbun** L. 1221; **Þurbiorn** L. 591 (Dyb.), 842, 1010 **Þurbiarn** L. 541 (UFT), 647 (Dyb.), UFT II, 70: **Þurbirn** L. 377 (UFT); **Þorbiurn** L. 27, 589 (båda i UFT); **Þorbiorn** L. 85 (enligt UFT); **Þorborn** L. 749 (UFT); **Þorbiarn** L. 138, 181 (UFT), 234 (Dyb.), 453, 569, 637 (dessa tre i UFT), 890, 1291; **Þorbiairn** L. 897; **Þrbrn** L. 1036 (enligt Dyb.); **torbiarn** L. 384 (UFT) hör väl ock hit. I diplom är särskildt den latin. formen *Thorbernus* ganska vanlig. Första leden förekommer ock under formen *Thör-, Thyr-, Thir-*; se särskildt SRP. — **Þurburna** L. 943 synes vara ett af detta mansn. bildadt kvinnon.

Þorborgh: detta namn synes ingå i ortn. *Thorborstadh*, Upl., DS V (1341).

Þorbœrgher: Thorberger Magnusson SRP (1375), *Thorbœrgh*, Styffe 109 not. 4 (1408); jfr ock *Laurins Thorbierghson* DS III, anm. och till., s. 761. Latin, forekommer *Thorberghus Ragnwallzson* DS III (1323), Thorbergus IV, 230 (1331), *Thorbergus Paal* IV, 507 (1336).

Þordiarver: **Þorterf** (ack.) L. 668 (UFT).

Þorfaster: **Þorfastr** L. 29 (UFT), 537, 618 (UFT), 813 (nyupptäckt sida; Dyb.), 1297, Dyb., Runa folio I, 77; **Þurfąstr** L. 269 (Dyb.); **Þorfastr** L. 399 (UFT), 786, 843; äfven **Þorfatr** L. 749 (UFT) synes höra hit. Jfr ock **Þrfstr** L. 786 (UFT). I diplom träffas *Thorvast* i Haslabek SRP (1368), *Björn Thorvastason* SRP; latin. *Thorfastus* DS IV (1339), *Thorvastus* DS III flerestädes.

Þorfriþer: **Þurfriþ** (nom.) L. 1098; **Þurfrþ** AT II, 102; **Þorfriþ** (ack.) L. 367 (UFT). — Det sista namnet är säkert mask., det första synes vara fem.

Þorgarþer: *Gothus Torgårdi* D. Dal. I, 63 (efter ett aftryck af en handling från 1403); jfr Munch 74.

Þorger: **Þurkair** L. 1045; **Þurkir** L. 849 samt enligt AT på en nyf. sten i Ö. Stenby, Ög.; **Þurker** L. 1054, 1552; **Þorkair** L. 1121; **Þorkir** L. 145 (Dyb.), 199 (UFT), UFT II, 54; **Þorker** L. 1038 (enligt Dyb.). I SRP fins *Thorger* som namn på tre olika personer; *Thorgerus* DS III, 320. Hit hör ock *Thyrgerus* IV, 5.

Þorgisl, Þorgils: **Þurkisl** L. 389 (UFT), 737 (Dyb.), 903, 967, 1105 (enligt ÖFT), 1577 (Sk.); **Þurkils:** L. 817; **Þurhils**[1] L. 651; **Þorkisl** L. 120, 360, 569, 748 (dessa tre i UFT); **Þorgisl** Dyb. I, 169; **Þorkiösl** (!) Dyb. II, 1; **Þorkils** L. 994; **Þörhils** L. 1634. I diplom förekommer *Thorgisl* DS III, 98; andra yngre former kunna särskildt ses i SRP reg. under *Thyrgil*, där dock äfven former hörande till namnet *Þorkel* finnas samlade; jfr ock Freudenth. Det latin. *Thorgillus* (äfven *Throgillus* m.fl. former), som träffas flerestädes i medeltidshandlingar, hör hit; se Munch, Saml. Afh. IV, 188. Häraf som bekant namnet *Truls*, egentligen väl, såsom Munch antar, en da. form.

Þorgnyr: *Thorgny* i Holthoptom (nu Hylletofta, Sm.) SRP (1353). Hit hör ock namnet på den bekante Vestgötalagmannen under Olof Skötkonung, *Þorgnyr*, enligt Snorre Sturlason son till en *Þorgnyr Þorgnysson.* — Hör namnet *Torgnejer*, Arwidsson I, 12, hit?

Þorgrimer: **Þurkrimr** Dyb. II, 119, **Þurkrim** (nom!.) L. 591 (Dyb.). *Þorgrimer* DS V, 661 (1347), *Torgrim* i Rythe (Dalsl.), SRP (1378). — Namnet ingår ock i ortn. *Torgrimsbyn*, Skållerud, Dalsl.

---

[1] *h* synes beteckna *gh*, i det ordet blifvit behandladt, som voro det ej sammansatt.

Þorgun, Þorguþer: **Þurkunr** L. 905 (Dyb.); **Þurkun** (nom.) L. 816; **Þorgun** L. 17 (UFT); **Þurkuþr** L. 1312; **Þorkuþr** L. 726 (Dyb.)[1]. Med full tydlighet framgår namnets fem. kön i det sista fallet, med stor sannolikhet ock L. 17, 816; i de öfriga fallen kan könet ej urskiljas. — Namnet ingår i *Torgunnehagen*, Gestad, Dalsl.

Þorguter: **Þurkutr** L. 670 (UFT), 1170, 1228, 1236, 1675; **Þorkutr** L. 994. Hit hör väl och **turkutr** på en sk. sten, Valleberga s., Sami. till Sk. hist. VII (1873), 3. Måhända hör ock **Þurhutr** L. 214 (Dyb.) hit; jfr noten s. 51. I SRP förekommer *Thorgut Niclisson*. Namnet ingår i *Thurguzthorp* SRP (1395), nu Törestorp, Jung, Vg. — Jfr ock *þorgöter.*

Þorgærþer (kvinnon.): **Þurkarþr** L. 551 (UFT); vidare gen. formerna **Þorkarþar** L. 382, **Þorkerþa(r)** L. 199 (båda i UFT) och **Þorkiairþar** L. 818. Namnet ingår i de dalsl. ortn. *Torgerderud*, Ryr, Sundal, *Torgerdsbyn*, Lerdal.

Þorgöter: **Þurkaut** (ack.) L. 43 (UFT). Hit hör väl ock det latin. *Thorgotus* DS I, 188, V, 551; jfr ock SRP under *Thrugot.*

Þorhvater: **Thorwatus** DS III, 100. Måhända bör det under *Þorguter* nämda **Þurhutr** föras hit.

Þorir: **Þurir** L. 82, 259, 260, 310, 456, 531, 696 (alla utom det första i UFT), 852, 893, 1078, 1115, 1128, 1129, 1262,1297,1345,1372,[2] 1400, Dyb. II, 20[3]; **Þorir** L. 112, 396 (UFF), 441 (UFT), 791, 842, 843, 1329, 1330 (samme man ock nämd T. II, 25), 1375 (dessa tre hos T.), Dyb. I, 268. Hit hör väl ock **Þaurir** L.

---

[1] L. 1105 står enligt ÖFT ej **Þorkun**, utan **Þorkil**.
[2] Jfr T. II, s. 19.
[3] Där på a. st. namnet står i oblik form, framgår dess mask. kön af sammanhanget; man kunde eljest tänkt på kvinnon. *Þyri.*

826. Om ack. **Þora**, L. 1152 och 1396 (efter T.) betecknar ett *Þorœ* och hör hit, eller förutsätter en nom. *Þori* med svag böjning, vågar jag ej afgöra. I diplom träffas namnet flerestädes såsom *Thorer, Thore*, latin. *Thorirus, Thurirus.* De nysv. namnen *Tore, Ture* höra hit.

Þorkarl: **Þurkal** L. 652 (Dyb.)[1]. Om **Þorkar** L. 401 (UFT), 906, 1232, **ÞurkarR** Dyb. II, 170 hör hit eller till *Þorger*, kan jag ej afgöra. — I ortn. *Torkarby*, Vaxala, Upl., äldre *Thorkarlaby* (i ex. DS III, år 1816) synes ett närbeslägtadt mansn. *Þorkarli* ingå; jfr ock ett i SRP nämdt *Thorkarlaby*, som synes ligga i Hels. (1368).

Þorkœtil (Þorkel, Þorkil): **Þurkatil** L. 1071, **Þurkitil** L. 637 (synes ock förekomma Dyb. II, 146); **Þurkil** L. 41, 542 (båda i UFT), 851, 974, 1181, 1362 (T); **Þurkl** L. 1112, Dyb. II, 222; **Þorkil** L. 337, 553, 616 (båda de sista i UFT), 989, 1105 (enligt ÖFT) 1296, 1365; **Þorkel** L. 128 (enligt UFT). I medeltidshandlingar förekommer namnet under växlande former, *Thorkil, Thörkil* m.m. flerestädes.

Þorlaf, Þorluf[2] (kvinnon.): *Torlaff*, Finl. (1382), Freudenth. 53 (1367 står enl. T. ej **Þurlaf**, utan *þuru*). **Þurluf** (nom.) L. 1279; jfr ock ortn. *Thorlouetorp* DS IV (1327), nu Torlarp, Berga, Sdm.

Þorleker, Þorlaker. Den förra namnformen ingår i ortn. *Torlexnæs, Torsång*, D. Dal. (1442)[3]; den senare träffas såsom **Þurlakr** L. 1110, **Þorlak** (ack.) L. 1099. Hit hör ock *Thorlacus* Vald. Jordeb. 57 (Hall.).

Þorlever: *Thorlef* i Sodhæland (Sålanda, Skepplanda, Vg.) SRP (1390). Jfr ock *"Jønis i Thorlefsarwe"*, D. Dal. — Hör *Thorleffare* SRP (1400) hit?

---

[1] Då samme sten har ili (*hœlli*), iftir, kan man ej gärna tänka på *Þorkel*.
[2] Den sista formen har fått *u*- omlj. på likartadt sätt som isl. *Álöf, Ólof*.
[3] *Þornaik* (mask. ack.) L. 664 skall möjligen föreställa *Þorlaik*.

Þorlögh: *Thorloghe* (dat.; kvinnon.) DS III, 186 (1314).

Þorlögher: *Thorloger* SRP (1400); jfr ortn. *Torløgisnes* D. Dal.

Þormoþer[1]: *Thormod* SRP (1359), *Thormodh* SRP (1391).

Þormunder: Þurmuntr L. 637 (UFT); **Þurmontr** L. 475 (UFT). *Thormunder* SRP (1367); latin. *Thormundus* DS III, 86 (1312); IV, 129 (1329). Jfr ock ortn. *Thormunzstœ* DS II, 115.

Þorodder: Þurot (ack.) L. 277 (UFT); **Þorot** (ack.) L. 144. Hör **Þootr** Dyb. I, 155 hit?

Þoroddi: Þuruti L. 358.

Þorriker: *Toricker* D. Dal. (afskr. af en handling från 1492).

Þorsten: **Þurstain** L. 100 (UFT), 444, 511, 516 (de två sista hos Dyb.), 537, 549 (båda i UFT), 651, 774, 785 (båda i UFT), 971, 1079, 1297, 1334 (T); **Þustain** L. 41 (enl. UFT); **Þurtsain** Dyb. II, 116[2]; **Þurstan** L. 130; **Þurstin** L. 162 (UFT), 207, 300 (båda hos Dyb.), 308 (UFT), 499, 573 (båda bos Dyb.), 796, 855, 1066, 1144, 1156, 1186, 1214, 1235, T. 39; **Þustin** L. 1150; **Þurtsin** L. 1119; **Þursten** L. 789 (UFT); (**Þurutin** L. 1161?) **Þourstain** L. 802; **Þorstain** L. 95 (UFT), 234 (Dyb.), 365, 539, 569, 661 (de tre sista i UFT), 833, 897,1326, Säve 90; **Þostain** L. 94 (UFT); **Þorstin** L. 27 (UFT), 98, 111 (Dyb.), 169, 212, 396, 428, 589 (de tre sista i UFT), 680; **Þrstin** Dyb., Runa 1873 s. 28. I medeltidshandlingar är namnet vanligt.

---

[1] Jfr Bugge, Rökst. 42, noten.
[2] Enligt Dyb. sannolikt samme man, som nämnes L. 516.

Þorulver: **Þurulf** (nom.!) L. 469 (UFT); *Thorulphus* DS III, 65 (1312), *Thuruluus* III, 98.

Þorun, Þoruþer (kvinnon.): **Þurun** L. 89 (UFT), 1246; **Þuruþr** (samma som nämnes L. 89) L. 90 (UFT); **Þurunar** (gen.) L. 869; **Þorun** L. 78. Hit hör ock dat. *Thorunni* (i ett lat. diplom) DS III, 288 (1316) samt *Thorund Anundsdotter* SRP (1369); jfr ock *Nicolaus Thurunason* DS V, 694 (1347). Måhända bör ock *Thorum* (nom.) DS III, 90 föras, hit. — Det af Hyltén-Cav. II, 287 anförda gamla sm. kvinnon. *Töron, Tören* hör väl hit.

Þorvar (kvinnon): L. 977.

Þorvi (Þyri): **Þurvi** L. 76 (på samma sten, om den samma, gen. **Þurviar**), 483 (båda i UFT); nom. **Þuri** L. 444, 1141, 1371 (på intetdera stället framgår namnets kön af sammanhanget) torde ock höra hit. — Namnet synes ock ingå i några ortn., bl. a. *Thyrituna*, det forna namnet på Tortuna s., Vml.

þorviþer: *Thorvidher* Silfverst. D. I, 426. — Snorre Sturlason omtalar i Olof den heliges saga k. 96 en svensk vid namn *Þorviðr stami*. — De af Hyltén-Cav. I, 285 ur värendska tingshandlingar från 1600-talet anförda namnformerna *Trufuid, Truffwidt, Truved, Trued* måste höra hit.

þorœlver (kvinnon.): *Johannes Thorhœlpha son* DS II, 271 (1298). Jfr isl. kvinnon. *Þórefr*, fem. till *þórálfr*.

Þorþer: **Þurþr** L. 468 (Dyb.), 891, 934, 1204, 1231, 1397 (T), 1409, 1438 (Sk.), 1582 (T), 1583; **Þurþir** L. 1353, **Þorþr** L. 91, 96 (båda i UFT), 101, 151, 166, 170, 434 (de tre sista i UFT), 953, 1201, 1550 (Dyb.), 1637, 1903, Dyb. II, 130. **Þuruþr** L. 881 synes vara en gammal osammandragen form af detta namn, motsvarande isl. *Þorröðr*.

Ej fullt så säkra synes några andra med Þor- begynnande namn. L. 1286 förekommer **Þoraiþir**. Diet. sammanställer senare leden med *ed*, isl. *eiðr*; häremot synes dock ändelsens **i** tala. Måhända hör den samman med isl. *heiðir* hök (mansn. Lars Heedher SRP n. 2992 synes höra hit; jfr ock no. namnet Haukr). — I SRP n. 1527 förekommer mansn. *Thorgöler*, måhända blott skriffel för Thorgöter; det a. a. n. 2002 förekommande *Thortin* torde vara skriffel för Thorstin, Torsten (eller får man här tänka på det isl. *teinn*, som enligt Cl. Vigf. förekommer som senare led i mansn.?). — L. 1030, där L. har **Þurelþ**, läser Dyb. Runa fol. 92 **Þurhal**, hvilket namn Säve hos Hofberg anser motsvara det isl. *Þórhallr*. Som ordet står i nom., är dock frånvaron af *r* anmärkningsvärd. — L. 1269 träffas namnet **Þuriþr**; genus syns ej. Det synes mig ligga närmast att sammanställa det isl. kvinnon. *Þuriðr* för *Þór-ríðr*. — I Vald. Jordeb. förekommer s. 61 från Hall. *Þorlokœr* (står i gen. förhållande, men då de icke latin. namn, som därmed äro koordinerade, stå oböjda, tycks det ha nom. form); sista leden kunde motsvara isl. *laukr*. — Mansn. *Tôllwerr*, Hof, Dial. Vg., torde stå för äldre *Þorvarþer*. — Äfven det a. a. anförda mansn. *Tôrjärn* torde stå i samband med gudens namn.

Mansn. **Þruniutr** L. 806 har man ansett stå för **Þurniutr*, hvilket ej synes omöjligt; jfr formen Throgillus o. d. — *Torgyi de Fflugunæsy* DS III (1324) synes vara en förändrad form af *Þorger* eller *Þorgisl*; jfr no. *Tergje*, *Torgjus*.

Äfven förekommer Tors namn såsom senare led i sammansatta mansn. Så i

Bœrghþor: *Dominus Berthorus de Klewomh* DS II, 91 (1290); *Berthorus de Brysmini* II, 557 (1308); *Besse Bertors sson* (jämtl.) V, 270 (1344).

Hafþor(?): SRP n. 691 nämnes en riddare *Johan Hafthorsson*, hvars namn emellertid n. 181, 2866 skrifves *Hacthorsson, Hakthorsson*.

Halþor (Haldor): *Haldorus Magnusson* DS III, 605 (1323); *Haldorus de Tuni* IV, 655 (afskr.). Namnet fins ock flerestädes i SRP.

Hialmþor: *Hialmdorus* (abbas in Wemem) DS III, 587 (1323).

Ketilþor, Kœldor: *Ketildor Lippœ* (Hall.) Vald. Jordeb. 60. DS II, 9 nämnes *Rød Kyœldor son*, II, 235 och flerestädes *Sigmundus Keldorsson*; III, 503 skrifves dennes namn *S. Lœtildorson*, antagligen skriffel för *Kœtildorson*. — Hit hör ortn. *Keldorviik* DS IV, 368.

Mœghinþor: *Meghinthor in Rwetum* DS II, 123 (1291); jfr ock I, 101 *Salter Megindoris filius* ("habitatores Farthusaheriz", således från Hall.).

Salþor (?): det nyss anförda *Salter*, namnet på *Megindors* son, synes höra hit.

Sighþor: sihþor L. 1556 (UFT).

Hit hör ock den stympade namnformen . . . **nþurs** (gen.) L. 81, som måste stå för **stainþurs** eller något dylikt (jfr UFT IV, 79). — Ett beslägtadt namn synes ingå i ortn. *Lingþorsthorp* DS IV, 699 (afskr.); måhända ett **Liugnþor*, af liugn (ljungeld)?

I nyare tid förekommer ej så sällan Tor, Thor såsom mansn.; detta ej blott bland de bildade klasserna, där man kan tänka på ett senare direkt uppkallande af guden, utan äfven hos allmogen. Se t. ex. Hyltén-Cav. I, 102 (*Thor Skåning*, år 1621), II, 285; Rääf, II, 124). I äldre tid är detta bruk ej vanligt. I runinskrifter har jag funnit *Þor* ensamt såsom mansn. blott tre gänger, L. 825[1], 1335, 1556 (på denna sista sten nämnes **sihþor** såsom son til **Þor**). — Om L. 1339, där man

---

[1] Närmast följande ord är stympadt, och det är ej omöjligt, att **Þor** här är första led i ett sammansatt namn.

förr orätt läst **Þor raknir**, har talats s. 33 not. 3. — I skrifna handlingar är Thor rätt sällsynt och synes först förekomma mot medeltidens slut. Jag har antecknat följande ställen. DS nämnes IV, 552 noten en *Thor Brodersson*, borgmästare i Vexiö (1505). D. Dal. förekommer, i ett originalbref af 1495, *Pedher Torsson*; enligt ett äldre aftryck af en handling frän 1403 den latin. ack. *Torum Omulfi*; i en afskrift af ett bref från 1464 träffas *Herman Torsonn*, men då i samma dokument formen *Tolsonn* äfven fins, synes det till grund liggande namnet vara *Tord* (öfvergången från *rd* till *l* är ju dial. vanlig). Silfverst. D. fins, dock i "en på flera ställen felaktig afskrift", *Thor i Berghom* (1405). — Det synes mig därför troligt, att då man i senare tid träffar Tor som namn, detta, för så vidt det verkligen beror på gammal tradition, i allmänhet är uppkommet af *Tord*.

Mycket vanligt är att träffa Tors namn i början af ortn. Då man ej har tillgång till fornformer, är det emellertid ytterst svårt att afgöra, huruvida i dylika fall *Tors-* är gen. af gudens namn eller af något därmed bildadt mansn., såsom *Tord* eller *Tore*, som undergått stympning. Till och med i äldre tid visar sig någon gång sammanblandning. — Då ortn. börja med *Tor-* (utan *s*), kan man tänka på sammanhang med adj. *torr*. Sidenbladh antager s. 106, att gudanamnet, då det ingår i ortn., alltid står i gen. form. Detta har jag dock ej vågat antaga, då, såsom man sett af andra sammansättningar, formen *tor-* af gudens namn är ej ovanlig (jfr t. ex. *toråk* vid sidan af *torsåka*), och då man ju vidare i ortn. träffar *Frö-* jämte *Frös-*. Jag har derför, ehuru på särskild plats, upptagit äfven namn på *Tor-*, då någon omständighet syntes mig tala för sammansättning med gudanamnet.

De hithörande sv. ortn., hvilka jag träffat, äro:

Upl. *Thorsakers hundare*, Styffe (äfven prouincia Thorsakir DS III, år 1314, prou. Thorakir[1] V, 333), det gamla namnet på Torstuna här.; *Torsbro*, Ramsta

---

[1] Frånvaron af gen. *s* är här särskildt anmärkningsvärd.

(Tuneld); *Thorsene* SRP (1375), nu Torsne, Alunda (väl för ett *Þors-vin*); *Thorsholm* DS III (i en afskr. af ett dokument från 1324; Thorsholmi, dat., V, odat., enligt utg. från 1344), nu Torsholma, Frösunda; *Torshäll*, berg, Viksta, (Wiberg, de par Upl. Wiksta); *Torslund*, Almunge (TCK); *Thorslunda* DS V ("in Thorslundum par. Aekrö", 1342), Ekerö (fordom hörande till Sdm., Styffe); *Torslunda*, Fröjeslunda; *Thorslunda* DS IV ("in Thorslundum par. Hagha", 1335), nu Torslunda, Haga; *Torslunda*, Odensala (TCE); *Torslunda*, Tierp; *Torslunda*, Sånga; *Thorslunda* SRP (1375), nu Torslunda, Torstuna; *Torslunda*, Täby; *Torslöt*, Knifsta (TCE); *Torsmyra*, Vendel; *Torskäret*, Rådmansö; *Torsätra gärde*, Bro (Liljegr.); *Torssättra*, V. Ryd (Tuneld); *Thorstuna* s., Styffe (1389), nu Torstuna (Torstuna här. se Thorsaker); *Thorsvi* s., Styffe (1410), nu Torsvi (en ort Thorsvi, nu Torsvibyi denna s. nämnes SRP år 1378).

Osäkert är Torsåker, Hammarby, då en annan namnform, Tjursåker, anföres af Tuneld. — Torsby, Värmdö, hette äldre Thorisby, DS III (1323), och innehåller således icke omedelbart Tors namn.

Sdm. *Thorsakir* s., Styffe (1408), nu Torsåker, *Thorsberg* SRP (1381), nu Torsberga, Stenqvista; *Thorshargher* (latin. Thorsharchum DS I, 355, år 1252; Thorssargh III, 316, år 1317; Thorsherghy DI, 347, år 1318, m.m.), nu Torshälla (såväl stad som landsförsamling); *Thorslunda* SRP (1375 m.m.), nu Torslunda, Husby-Oppunda; *Thorsn* s., Styffe (1407; äfven Thors, så DS III, 289, år 1316. Namnet är väl uppkommet af *Þors-vin*), nu Toresund; *Thorsnæs*, SRP (1348), Torsåker; *Thorstadhum*, "tr. Torsta i Lunda s.", SRP (1357), *Thorungi* (dat.) s., DS I, 733, nu Turinge.

Hit hör vidare med stor sannolikhet *Thorlunda* DS III (1322; Vfrardum de Thorlundum"); reg. sammanställer Torlunda i Torshälla s.; måhända ock *Thorø* DS IV (1335), nu Torö, Sorunda. — Knappast hör däremot Thorlunda, Ripsa, SRP (1368), hit, då den nuv. formen är Torrlunda. — Nuv. Torsta, Nykyrka, uppträder i det äldre spr. med skiftande former. DS IV, 666 träffas, dock blott i en afskr., Thorstum, men IV, 589 träffas Þorastum (1338) och SRP Thorista (1393).

Ner. *Torshögen* vid Skyberga, Hardemo, enligt Hofberg (då traditionen uppger, att denna hög är uppförd öfver en konung Tor eller Tore, är detta väl en senare på grund af namnet uppkommen sägen).

Hit hör väl ock *Torsbacken* eller Torebacken, äfven Torshammarbacken, namn på en höjd i Mellösa s., Runa 1848, 25.

Vml. *Thorsmusa* par. Malmum, DS IV (1331), reg. sammanställer nuv. Torsmossen i Odensvi s.

Hit nör vidare möjligen *Thorlunda*, SRP (1385). "tr. Torunda i Munktorps s."

Däremot innehåller Torstad, St. Rytterna, gudens namn ej omedelbart, då fornformen är Thorista, SRP (1368 m.m.); ej häller Tortuna s., då den äldre formen är Thyretuna, Styffe (1399).

Dal. *Thorsang* s., Styffe (1400), nu Torsång.

Måhända hör ock hit Torvallen, Äppelbo.

Gestr. *Thorsaker* s., Styffe (1343), nu Torsåker; samt det i nämda s. belägna *Torshyttan*.

Hels. Hit hör möjligen *Torön*, Järfsö.

Medelp. *Torsboda*, Hässjö.

Ångml. *Thorsakir* s., Styffe (1319), nu Torsåker.

Jämtl. *Torsåker*, Myssjö (se Hyltén-Cav. II, XXXVI); *Torsfjärden*, Ström; *Torsgård*, Ragunda. Måhända hör ock gårdn. "*Thurung* i Haffradal (på gränsen till Hafverö i Medelpad)", Styffe (1405) hit.

Värm. *Torsberget*, Ö. Ullerud; *Torsby*, Fryksände; *Torsby*, Råda; *Torsgården*, Väse.

Dalsl. *Torsberg*, v. om Ödeborg kyrka, Runa 1843.

Ifrågakomma kunde ock Torskog s., Styffe (1531), men då den nuv. formen enligt Sidenbladh är Torrskog, ingår häri sannolikt adj. torr. Om Torud, Ryr och Tösse (Lignell) hör hit, är svårt att afgöra.

Vg. *Torsås*, Brunn; *Torsberg*, Undenäs; *Torsbo*, Dalstorp; *Torsbo*, Gällstad; *Torsborg*, Saleby; *Torsrud*, Ransberg; *Torsjöhult*, Undenäs; *Torsta*, Töllesjö; *Thorswnd*, fiskeri i Kållands här., SRP (1399); *Torsvid*, Amnehärad. Äfven *Torsö* s. hör säkerligen hit, då den med det nuv. namnet stämmande formen Thorsö af Styffe uppgifves från 1344 (samma ort är väl ock Thorsø DS II, 571, odat.), under det den a. st citerade biformen Torisö först är från 1471.

På grund af senare leden synas mig följande namn osäkra: Thorslefua s. (1404; äfven förekommer den besynnerliga formen Tarslef, 1398), Styffe; Torstorp (orter med detta namn förekomma i Ek, Habo, Hagelberg och Håkantorp s.). Här synes det mig sannolikast, att något mansn. (t. ex. Tord) ingår hvilket är så mycket mera möjligt, som för flertalet af namnen blott nutidens form är känd. — DS III, 739 (afskr.) nämnes en gård, såsom det synes, i Vg., som i samma dokument kallas Thoristorp, Thorsstorp och Torsstorp.

Däremot ingår möjligen gudens namn i *Torhult*, Strängsered och *Torlunda*, Timmelhed.

Ög. *Tors berg* (Tuneld); *Torshag*, Qvillinge; *Tors klint*, berg i samma s. (Tuneld); *Tors måse* (Grimm 169 eftei Broocman); *Torsjö*, Godegård. Nuv. *Torrsjö*, Ö. Ryd, förekommer i SRP med växlande former, såsom Thorzshyd (1389). Thorsyde, äfven Thorsrydh, Thorsridh, i hvilka gudens namn synes ingå (möjligen dock mansn. Tord; se den första formen med z).

Möjligen ingår vidare Tors namn i *Thorberghum* DS V (1344; förmodas i reg. ligga i Ög.); *Thorlunda* SRP (1383), nu Torlunda, Borg och Löt; *Torlunda*, Vånga (Tuneld); *Thorö* SRP (1362 m.m.), nu Torön, Skällvik (jfr Tuneld). Däremot ej i Torstorp, Risinge, då fornformen är Thoristorp SRP (1890); Torsborg (eller Torstorps borg) vid nämda Torstorp (Tuneld) har väl först i senare tid fått sitt namn. Ett mansn. synes ock ingå i det af Tuneld anförda Thorforss eller Toleforss, som förut skall hetat Tolarp, Kärna s.

Sm. *Torsån* (Hyltén-Cav. I, 131 m.m.); *Thorsaas* s. (1335, äfven Wästra Thorsaas, år 1476, Styffe), nu V. Torsås; *Thorsaas* s., Styffe (1403), nu Ö. Torsås; (jfr det enligt Hyltén-Cav. I, 135 af allmogen begagnade uttrycket "Tors socknar"); *Thorsaas* s., Styffe (1391), nu Torsås, k.; *Torsberg* "eller Torssaberg", Lidhult (Tuneld); *Torsbo*, Madesjö, k.; Torsby, Ed, k.; *Thorsfalla* SRP (1385), nu Torsfall, Gladhammar, k.; *Torsholma*, Hallaryd; *Torshult*, V. Torrås (Hyltén-Cav. 1,139); *Torshultemåla*, Kråksmåla, k.; *Tors kulle*, nära sjön Bolmen (Hyltén-Cav. I, 73); *Torsa källa*, Ö. Torsås (a. a. I, 132); *Helge Tors källa*, Skatelöf (se s. 59); *Torsnäs*, i Konga här. (a. a. I, 135); *Torsryd*, SRP (1354), nu Torseryd, Odensjö; *Torsjö*, Habo; *Torssjö*, Höreda; *Thorsio*, SRP (1387), nu Torsjö, Ö. Torsås ("Här märkes en större grifthög, hvaruti Thor skall vara begrafven", Tuneld); *Torstalycke*(?), Kalfsvik; *Thorssö*, Styffe (1352), Sunnerbo här., fordom s., nu en del af Berga. — Ett *Thorsryth*, som synes ligga i Sm. ("Slæta" s.) nämnes dessutom DS II, 143.

Måhända hör ock *Thoras*, SRP (1380), Frinnaryd, hit. — Osäkra synas Torseryd, Höreda (Tuneld), Torsatorp (på en ö i Åsnen; Hyltén-Cav. I, 136), Torstorp (två sådana i k., i Madesjö och Söderåkra); likaså Torarp, Svennarum (Tuneld).

Öl. *Thorslundha* s., Styffe (1346), nu Torslunda ("I gamla kyrkan var ett af sten hugget menniskohufvud, kalladt Thorshufvud"; offerlund och offerkälla vid kyrkan m.m.; Tuneld).

Gotl. *Þorsborg*, Guta S., nu Torsborgen; *Tors brunn*, Ardre.

Från **Bl.** könner jag ej något ortn., som med någon högre grad af sannolikhet kan hitföras. Med afseende på sockenn. Torhamn, hvars ålder är mycket osäker, kan jämföras Sidenbladh under Torrum.

Sk. *Torsbromölla* (1610), nu Torsebro, Färlöf, (Falkm.); *Torshult*, Allerum; *Thorsöe* (1624), nu Torsjö, Riseberga (Falkm.). Äfven *Torsjö*, Solberga, synes höra hit, då den älsta formen är Torsyo (1349); dock förekomma äfven former, som tyda på annat ursprung, såsom Thwresö och Thordsö (se Falkm.)

Däremot hör svårligen Torseke, Fjälkeatad, hit, trots de rätt gamla formerna Thorseeghe (1551), Torsege (1624); den älsta formen är nämligen Tvarsager (1495); jfr Falkm. s. 55. Ej häller torde Thorlösæ s., Styffe (1398) höra hit, utan till adj. torr, då den nuv. formen är Torrlösa; jfr Sidenbladh. Falkm. nämner s. 43 ett Thorgaard (1624), nu Torfgårda, Munka Ljungby, hvars nuv. form lättare låter förklara sig ur en sammansättning med torr än med Tor.

Namnet Torup är i Sk. rätt vanligt Det är troligen bildadt af mansn. Tord; härför tala de fomformer, som förekomma. Så hette t. ex. Torup i Hvitaby fordom Thororp och Torup s. i Bara härad Thordtorp. Med afeeende på dessa och närbeslägtade sk. namn får jag för öfrigt hänvisa till Falkm. s. 179 f.

Hall. *Torsjö*, Gunnarp. Osäkra synas Torstorp, Grimeton och Vinberg, och Torås, Valda. Torup s. hör ej hit, då den gamla formen är Thordatorp (1413; äfven Thororp, 1402), Styffe.

Bohusl. *Thorsby* s., Styffe, nu Torsby; *Torsby*, Tegneby; *Thorslanda* s., Styffe, nu Torslanda; *Torskog*, Vesterlanda. Afven Tose s. hör hit, då den gamla namnformen enligt Holmberg II, 184 var *Thorseiðis*.

Däremot hör ej Torsbo, Qville, hit, då den gamla formen enligt a. a. II, 109 var Thorisboer.

Finl. Jag har här blott att lemna en sammanfattning af uppgifterna i Freudenthals olika arbeten. — Följande ortn. synes höra hit; i Nyland *Torsborg*, *Torsböle*, *Torskulla*, *Torsö* alla i Karis (ett Torsjö i Karis nämnes hos Rietz); *Torsby*, Pernå; *Torsvik*, Kyrkslätt; däremot höra Torsbacka, Ingå och Torby, Pojo, ej hit. då de ha sidoformerna Thordsbacka och Thordeby; äfven Thors, Helsing, synes snarast innehålla gen. af något mansn.; i Eg. Finl. *Torsböle*, Kimito; Åland *Tosarby*, älst "enligt Arwidssons Handl. anno 1431 Torsalby"; *Torsholma*, Hammarland; däremot ej Torsholma, Kumlinge, äldre Tolffzholma, Tolzholma. — Stor-Tors och Lill-Tors, Närpes s. (Freudenth, Närpes dial.), äro väl snarast bildade af något mansn., hvari Tors namn ingår.

I sammanhang må nämnas de af Russw. II, 180 samlade *estsv.* ortn., som kunna höra hit. Utom det redan s. 64 behandlade *Toraka* äro de *Torsgrunn*, *Tortall* och *Torväg*; man kan dock här äfven tänka på tôr (II, 356) i betydelsen torn, fyrbåk, sjömärke.

Till alla dessa ortn. kan ytterligare läggas det DS III, 287 nämda *Thorsrum*, ("in Thorsrumi"), hvars läge ej synes kunna närmare bestämmas.

Frö

I den isl. literaturen nämnes *Freyr* såsom en af svearne med särskild ifver dyrkad gud; jfr bl. a. Ynglingas. k. 13. Härmed kan jämföras, att hos Saxo, s. 384, svearnes tappraste kämpar i Bråvallaslaget uppgifvas såsom "*Frö* dei necessarii", liksom att han, s. 278, med uttrycket "filii *Frö*", såsom det synes, betecknar Upsalakonungarne. Om ett årligt offer af svarta offerdjur åt guden yttrar han dessutom s. 50: "*Fröblod* (väl en da. form för **Fröblot*) sveones vocant".

Hos Adam af Bremen nämnes vid hans beskrifning af Upsala tempel *Fricco* såsom den tredje af de gudar, hvilkas bilder här voro föremål för dyrkan. Det antages allmänt, att härmed syftas på Frö, och utan tvifvel med full rätt. Att antaga någon särskild gud Friggi strider mot alt hvad man eljest känner om nord. förhållanden; och bland de kända gudars namn, på hvilka man här kan tänka, ligger Frös närmast. Enligt den isl. literaturen intar ock denne gud jämte Tor och Oden en särskild öfver de andra gudarna höjd ställning (se H. Petersen 97 f.; om afbildningar af guden talas a. a. 33, 37), så att man har att vänta just honom nämd här.

— Det synes mig för öfrigt antagligt, att Adams af Bremen "Fricco" beror på förblandning af namnet på den gud, hvars bild jemte Tors och Odens fans i Upsala tempel, och det i någon mån liknande namnet på gudinnan Frigg, hvilken säkerligen ock dyrkades i Upsala (jfr ock Grimm 278).

Något bestämdt minne af Frö såsom en särskildt väsen synes ej hafva hållit sig kvar i den sv. folktron. Däremot finnas inhemska intyg om hans dyrkan i de personn. och i synnerhet i de talrika ortn., i hvilka hans namn ingår. Med afseende på de förra, till hvilka andra germ. folk äga motstycken, kan det visserligen starkt ifrågasättas, huruvida förra leden ursprungligen innebar en hänsyftning på en viss bland gudarne, och om icke *Frey-, Frö-* här älst stod med ordets egentliga betydelse herre, d. v. s. gudomlig herre, gud (i allmänhet). Men då man i Skandinavien med visshet ägt en gud med namnet Freyr, och då af nära anhöriga den ene kunde bära ett namn på *þor-*, den andre ett på *Frö-* (**frustin** L. 589 är son till **Þorstin, frustain** L. 444 broder till **Þurstain**[1]; Snorre Sturluson omtalar i Olafs s. helga, k. 96, en svensk vid namn *Freyviðr daufi*, broder till *þorviðr stami*), synes det otvifvelaktigt, att man en gång i Sverge förbundit dylika namn med tanken på den nämde guden.

De hithörande sv. personnamnen äro:

Fröbiorn: **freübiurn** L. 26 (UFT); **fraibiarn** L. 352 (UFT). *Ffrøbyrnus de Viby* DS II, 116 (samme man är väl den *Frøbernus*, som nämnes II, 394, III, 431), *Frøbernus*, III, 98. Den sv. formen träffas i SRP, där *Fröbjörn i Fleckestum* (Vml., år 1369), *Fröbiorn i Kiuista* (Vml.; 1399) samt *Stenbiorn Fröbiorna* (näml. *son;* år 1390) nämnas. — Det åländska ortn. *Frebbenby*, äldre *Fröbönby, Fröbeneby* (Hammarland; Freudenth., Ål. ortn. 55) måste innehålla detta mansn.

Fröborgh: *Frøborg* DS III, 100.

Frödis, se s. 38.

---

[1] Båda stenarne äro från kristen tid, och de där nämda personerna äro väl således ej omedelbart uppkallade efter hedniska gudar; men utan tvifvel ha namnen från hedentid varit brukliga inom slägten.

Fröger: **fraikair** L. 671 (UFT), 691 (UFT; samme man nämnes såsom **fruikir** (?) L. 690); dat. **fraikiri** L. 1049; **frikir** UFT II, 54. Namnet träffas DS III såsom *Frøger* s. 90, latin såsom *Frøgerus* flerestädes, såsom s, 86, 88, 98 m.m. Samma namn är väl det *Frödger, Frödgir,* latin. *Frödgerus,* som träffas på några ställen i DS och SRP. *Frö-* synes här hafva blifvit ombildadt efter analogi af namnen på *Ödh-.*

Fröguþer (Frögunn). Kvinnon. **früküþr** L. 171 tolkar UFT väl med rätta på detta vis.

Fröhvater: Frøuatus DS V, 440 (1345).

Frömunder: Frömundus DS III, 101; *Frömund i Öjaby* Ög., SRP (1367); hit hör väl ock *Holmger Frödmundason* SRP (1394). Namnet ingår ock i ortn. *Frömundaby* (1390), nu Främby, Kopparberg, Dal., SRP.

Fröriker: **frürikr** L. 547 (enligt UFT H till.); *Frøriccus* "rusticus par. Holdanes" (Upl.) DS III, 100; *Frøricus in Arby* (Upl.) III, 267.

Frösten: **fraustain** L. 835, 842; **fraustin** L. 353 (UFT); **freüstin** Dyb. Runa 1873 s. 28; **friaustin** läser Stephens hos T., L. 1346; **fraistain** L. 467 (enligt UFT), 492; **frustain** L. 407, 444 (båda i UFT), 1111; **frustin** L. 388 UFT), 479, 589 (UFT), 1575 (Gotl.); **früsten** L. 728 (Dyb.). Äfven i medeltidshandlingar är namnet rätt vanligt. I DS har jag träffat den latin. formen *Fröstanus* II, 112, 381, 515, 569, III, 86, IV, 113, 508; IV, 378 nämnes *Ingewaldus Frøsteensson.* I SRP träffas namnet *Frösten Jonsson* (1375); *Karl Fröstensson* och *Margaretha Fröstensdotther* (båda från 1391); vidare ett sigill med omskrift *S. Olavi Fröstenson* (1400). Rääf omtalar namnet *Frösten* såsom förr användt i Ydre. — Hit hör ock ortn. *Frøstenstørp* DS III, 512 (afskr.), Ög.

Fröviþer: Fryuidus i Nesby (Sm.), DS V, 245 (afskr.); *Frøvidher i Fuglha* (Gestr.) Silfverst. D. (afskr.). Jfr ock s. 85.

L. 782 förekommer dessutom ett **frukakr**, som UFT uppfattas som ett mansn. Frögång, ett isl. *Freygangr; måhända är det en felristning (för **frukair**?). På en nyfunnen runinskrift UFT III, 15 fins ett namn, som börjar **fruk** .... — Den på ett par ställen i DS III nämde Frovinus "Consul Stockh.", synes bära ett egentligen tyskt namn; jfr fht. Frôwin.

Mansn. Swen *Fröö*, Hyltén-Cav. I, 92 må ock nämnas, ehuru dess sammanhang med gudens namn synes tvifvelaktigt.

I ortn. förekommer dels gen. formen *Frös-*, dels formen *Frö-*, hvilken senare väl i likhet med den i personn. ingående är att fatta som stammen. — I några få ortn. förekommer ett *Fröia- Fröa-*, som man sammanstält med gudinnan Freyja. Detta synes mig mycket tvifvelaktigt. Dels skulle man väntat sig formen Fröiu-, dels förekommer i ett par af dessa namn *Frö-* såsom sidoform. Sannolikt äga därför äfven dessa ortn. sammanhang med den manlige gudens namn.

I isl. förekommer väl af Freyr blott gen. Freys, men af andra till samma dekl. hörande mask. träffas ju ofta en gen. på *-jar*, ofta hos samma ord växlande med en gen. på *s*; för fsvenskans räkning anför Rdq. II, 43 f. gen. byiar, byriar, bækkiæ, þyniæ. Det synes därför ej vara vågadt att för dessa ortnamns förklaring anta en fsv. gen. *Fröiar (jfr det fem. möiar), vid sidan af Frös. I de flesta af dessa namn börjar senare leden med *r*.[1]

Jag upptar därför här äfven dessa namn, ehuru särskildt, efter de öfriga.

---

[1] Långt mera vågadt vore det utan tvifvel att i *Fröia-* se gen. af ett svagt mask. *Fröi, omedelbart motsvarande got. frauja.

De ortn., i hvilka jag funnit Frös namn, äro:

Upl. *Frösakers skiplagh*, Styffe (1344), nu Frösåkers härad; *Frøsaaker*, gård under Upsala kyrka DS III, 15 (1311) m.m., äfven skrifvet *Frøsakir*; *Frøbro*, DS V (1341) nu Frebro, Tierp; *Frööby*, Skepptuna, nämnes Runa 1848 efter en handling af 1673; *Fröslunda*, SRP (1356), nu Frösslunda, Altuna; *Fröslunda* s., Styffe (1386); den gamla formen fins än kvar, men har stundom blifvit förändrad till Fröjeslunda; *Frösund* s., DS III (1314); den nuv. formen Frösunda uppgifves af Styffe från 1401; *Frösunda*, 3 stycken, Lilla, Nedre, Stora, alla i Solna s.; det första fins nämdt DS V såsom Litlafrøsundæ par. Solnö (1347); dessutom nämnes IV ett Frøsund, enligt reg. i Solna (1337); *Fröösätra*, Åker, nämnes Runa 1848 efter en handling af 1673; *Frösätra*, Husby; Fröstolft s., Styffe (1343), nu Frösthult; *Frötuna Skiplagh*, Styffe, nu Frötuna; däri ligger Frötuna s., Styffe (1413), nu Frötuna; *Frötuna*, SRP (1381), nu Frötuna, Rasbo; *Frøtunum* DS III (1311), nu Frötuna, Tibble; *Frösvik*, Ö. Ryd (Tuneld).

Tvifvelaktigt synes *Fröösta* s., SRP (1385), nu Fresta, då enligt Styffe äfven formerna Fræsta (1409) och Fræksta (1445) förekomma. — Hit hör icke nuv. Frösvik, Danderyd, hvars äldre former enligt Styffe äro Frydzwik (1424) och Fredzwiik (1425); ej heller Fröjsta, Alunda, äldre Friastadum, DS III, 92 (odat.); sannolikt ej häller Frövi, Balingsta, som i DS II (t. ex. 151) förekommer under formen Frødhawi, i SRP såsom Frodhevi.

Sdm. *Fröberghum*, SRP (1370), nu Fröberga, Lunda; *Frøberghe* par. Wluildæ kyrkio, DS V, 462 (1345), enligt reg. nuv. Fröberga, Öfver-Selö; *Frøslundum* DS V (1346), nu Fröslunda, Fors; *Frøslunda* DS III, 151 (odat.), IV, 244 (1331), nu Fröslunda, Öfver-Selö; *Frölunda* (och *Frönäs*), Sorunda; *Frölunda* SRP (1381), nu Frölunda, Stenqvista; *Frösjön* (sjö), Vårdinge; *Fröstuna* s., Styffe (1408), nu Frustuna; *Frösui*, SRP (1397), nu Frösvi, Österåker; *Frövi* (Bergström s. 29.)

Ner. *Frötuna*, Götlunda; *Frösvidal*, Kil; *Frøui* DS IV (1334), äfven *Frøsui*, V (1341), nu Frövi, Frösvi, Edsberg.

Vml. *Frøsaker* DS III (1318; äfven Frosaker V, 721, år 1347), nu Frösåker, Kärrbo; *Fröberga* (Norrfröberga), Malma; *Fröberga*, Torpa; *Frögärde*, Björksta, nämnes SRP för år 1354; *Frøshamar*, DS II, 115 (1291), nu Fröshammar, Arboga; *Fröslundir* in par. Haraker, DS II, 49 (1288), nu Fröslunda, Haraker; *Frøsswi* DS IV i en afskr.; formerna Fröswi, Froswi förekomma SRP (1399); nu Frösvi, Kolbäck; *Fröswi* (1357), Froswi (1399), SRP, nu Frösvi, Romfartuna; *Frövi*, Näsby; *Frøwi*, DS V (1342), nu Frövi, Skultuna.

En ort *Frøbolset*, möjligen i Vml., nämnes Silfverst. D. I, 278 (1403).

Vb. *Fröbäcken*, Nysätra.

Jämtl. *Fröå grufva*; *Frösöö* s., Styffe (1429; den no. formen Frøysøy DS V, år 1346), nu Frösön.

Värm. *Fröbol*, Elgå; *Frövettern*, sjö i Bjurkärn (Örebro län); jfr Ullvettern.

Dalsl. *Fröskog* s., Styffe (1531), nu Fröskog; Schlyter förmodar, att det i VGL nämda *Anæ frö* skulle vara samma ort; *Fröviken*, Ödeborg.

Vg. *Fröåkra*, Lyrestad; *Fröyal* s. (1444, äfven Frial, 1430), Styffe, nu Friel; *Frøsberg* s., DS III (1316), nu Fredsberg; dessutom nämnes en gård i Vg. Frøsbiærgh DS I, 546 (1279); *Frökinshæraþ*, VGL, nu Frökinds här.; *Frökulla*, Sventorp; *Frösslunda*, Sunnersberg; *Frölunda* s. (Askims här., således i Göteb. län), Styffe (1396); *Frölunda* s. (Kinds bär.), Styffe (1402); *Frølundæ*, Silfverst. D. I, 366 (1404), nu Frölunda, Gällstad; *Frömaden*, Hössna; *Frörydh* s. (1397; äfven Fröiaridh, 1422), Styffe, nu Fröjered; *Fröstorp*, Håf; *Fröstorp*, Kyrkefalla; *Frösvi* s., Styffe (1397), nu Frösved.

Ög. *Fröåsa,* Kisa; *Fröberga,* Skönberga (Hammarkinda här.; ett i Silfverst. D. I, 426 nämdt Frøbærgha synes ligga i Aska här.); *Fröshälla,* Kärna; *Fröklint* (berg; Tuneld); *Fröslundum* DS IV (1337), nu Fröslunda, Svinestad; *Frörum,* Ringerum; *Frösäter,* Vårdsberg (ÖFT); *Frøswi,* DS III (1311), nu Frösvik, Oppeby; *Frösäng,* Åby.

Hit hör kanske ock Fröslegårdarna, Kärna (ÖFT). Osäkert är Fröstorp, Ö. Harg, då det enligt reg. till D. S. IV torde vara att sammanställa med det gamla Frøstensthorp (1334).

Sm. *Fröale* s., Styffe (1398), nu Fryeled; *Fröåsen,* ås och gård i Albo här., Hyltén-Cav. I, 135; *Fröboqwarn,* DS V (afskr.), Högsby, K; *Fröseke,* Asheda; *Frøseke,* Elghult, Silfverst. D. (afskr.); *Frøredhom* i jæredhe s., a. a. (1401), nu Fröreda, Järeda, K.; *Frøsryd* s., DS III (1321; uppträder ock under de yngre formerna Frøaryth IV, år 1337, Frøiaryþ V, 1347, Fröaridh, SRP, 1394; Styffe anför dessutom formen Fröyarydh från 1438), nu Fröryd eller Fröderyd; *Fröstarp* (?), Mortorp, K; *Frösvi,* Blacksta, K.; *Frövi,* Högsby, K.; *Frövik,* Jersnäs; *Frösö,* ö i Åsnen (Hyltén-Cav. I, 135); *Frösöhult,* Kinnevalds här. (a. a. I, 136).

Öl. *Fröåkrarna,* Gårdsby; *Fröbygårda färjeplats,* Vickleby; *Frøslundum,* DS III (1312), nu Fröslunda, Stenåsa; *Frönäs,* Persnäs.

Gotl. *Fröyal* s., Styffe, nu Fröjel.

Sk. *Frösboholm,* Vidsjö; *Fröslöf* Valleberga; *Frörum,* Fågeltofta (se Falkm.).

Måhända hör ock *Frönshult,* Högsröd (Falkm.) hit.

Hall. *Frösböke skog,* Slättåkra; *Fröböke,* Breared; *Fröslida,* Torup.

Bóhusl. *Frölanda*, Herresta; Frötorp, Foss, hör blott skenbart hit, då den äldre formen enl. Holmberg II, 170 är Friðthorp.

Från **Finl.** känner jag *Frönäs*, Närpes s. (Freudenth. Närpesdial.)

En gård *Frøknæte*, hvars läge jag ej kan närmare bestämma, nämnes DS II, 700.

På några ställen träffas ett ortn. *Frö*. Så t. ex. SRP år 1360, nuv. Frö, Lillkyrka, och 1367 m.m., nuv. Frö, Skärkind, båda i Ög. Huruvida detta står i samband med guden, kan jag ej afgöra.

De äldre sv. namn, i hvilka formen *Fröia-, Fröa-* ingår, äro:

Vg. *Fröiaridh*, se Frörydh; **Ög.** *Frøæwerke*, bäck hörande under Husby kyrka, DS III (1319); **Sm.** *Fröiarwm* SRP (1383; äfven Fröyarwm, 1387), nu Fröjerum, Yxnerum K.; *Frøaryth*, se Fröryd. Här må ock nämnas de sk. ortn *Fröjaberg*, V. Karup, och *Fröatorp*, Örkened, Falkm. 126.

Ull

J ag har redan här närmast efter de tre främsta gudarne upptagit namnet på denne gud, därför att det utom dessa ej finnes någon, hvars namn är ens tillnärmelsevis lika vanligt i sv. ortn.

Namnets nom. form förekommer ej i fsv. Otvifvelaktigt har den lydt *Uller* eller *Ulder*, motsvarande isl. *Ullr*. Gen. heter på isl. *Ullar* (enligt Egilson i Snorra-edda en gång Ulls); ordet är troligen gammal *u*-stam, väl med Säve gudan. 83 att sammanställa med vulpus ära, härlighet. I fsv. förekommer ock i sammansättningar gen. *Ullar-*, hvaraf sedan *Ullær-*, *Uller-*. På ett ställe träffas formen *Ulþær* (VGL), någon gång *Ulder-* (för äldre *Uldar-*). Ibland förekommer ock *Ulls-*, En vanlig form är *Ulla-*; den har nog i allmänhet genom bortfall af *r* uppstått ur *Ullar-* (jfr namnen på *Nærdha-*). Då i isl. en svag form *Ulli* äfven träffas, är det emellertid möjligt, att den nämda sv. formen åtminstone ibland hör dit. Ur detta *Ulla-* har sedan den äfven förekommande formen *Ullæ-*, *Ulle-* utvecklat sig.

Om Ulls namn ingår i personn., är ovisst. Om kvinnon. *Olla dysa* har talats s. 38 Dyb. II, 170 förekommer ett mans. **ulkautr**. Äfven fins ett *Ulviþer*; så D. Dal. *Wluidir i Gerdhum* (1387); jfr ock det a. a. förekommande ortn. *Ulwedzbodha* (det latin. *Ulvidus* är rätt vanligt, men synes ock återge det fsv. Ulvidin; jfr isl. Ulfheðinn. DS II, 203, afskr. nämnes en Ulvidus judex, som i den gamla sv. öfvers.

af handlingen kallas *Vlwidin Domare)*.[1] Man behöfver dock ej med nödvändighet här tänka på guden. I fty. finnas namn på *Vuld-* (t. ex. Vuldebert, Vuldulf, Förstem.), där sammanhang med gudens namn är mycket ovisst (jfr namnen på Vuldar-). Ulviþer kunde för öfrigt sammanhänga med ulver; detta torde vara fallet med sådana runstungna namn som **ulfastr, ulfriþer.**

Att i ortn. de ofvan nämda gen. formerna härröra från gudens namn, kan med säkerhet antagas vid dem, hvilkas senare led är ett ord, som utmärker en plats för gudstjänst; sådana äro de mycket talrika sammansättningarna med *vi*, äfvensom de med *lund*. I andra finnes möjlighet af ett annat ursprung. Föga troligt är, att appell. *ull* ingår i ortn., då dess betydelse mindre väl lämpar sig derför. Saxo synes visserligen med sitt "campus laneus" s. 445 afse Ulleråker, men hans härledningar äro ej mycket värda[2], och detta lat. uttryck visar blott, hvilken betydelse man på hans tid, långt efter kristendomens införande, kunde inlägga i namnet. Men det fins mansn. på hvilka man kunde tänka. Jag vet ej något säkert fall, där det ursprungligen enstafviga *Uller*, isl. *Ullr* förekommer som personn.[3] De hos Rdq. II, 263 anförda formerna **ulir** L. 1390 och *Oler* L. 1640 (den förra på en runsten, den senare med munkstil på en grafsten, båda från Vg.) synes det mig ligga närmast att betrakta som tvåstafviga, således föreställande ett Ollir eller Ullir efter *ja*-dekl. (det förra måhända ett Yllir; jfr sockenn. Yllestad, Vg., DS III, 79 Vllistadhum, 81 Yllistadhum). Men i DS III, 88, 89, 96 förekommer några gånger ett namn *Ulle* (skrifvet Vlle).[4] Alla personer,

---

[1] En dylik latinisering låg så mycket närmare som *-in, -en* förväxlades med artikeln; SRP n. 1641 träffas dat. formen *Uluidhenom*.

[2] Se t. ex. hans härledning af "Hyldetand" s. 361.

[3] I sig själf vore ett sådant mansn. ej omöjligt, då i fornty. *vulþus* förekommer åtminstone såsom sista led i namn. Förstem. anför utom ett par osäkra fall formern Sigisvulthus och Cuniuld.

[4] Den svaga böjningen af detta namn framgår däraf, att i samma lat. dokument, hvari det finnes, träffas former sådana som Toste, Gissle, Boue, men å andra sidan Thorirus. — I den isl. literaturen känner jag ett ställe, där Ulli kan vara mansn. Det är i

som bära detta namn, äro från Upl. Namnet har jag eljest ej träffat. Då *u* och *o* i fsv. så ofta växla (se Rdq. IV), kan dock detta vara blott en annan form af ett just i samma handlingar rätt vanligt, äfven eljest förekommande namn *Olle, Olli*, latin. *Ollo*. Hvilkendera formen är den ursprungliga, vågar jag ej afgöra, då härledningen ej är klar[1] emellertid är Olli den vida vanligare formen. — På gen. af detta namn kan man naturligtvis tänka, då man i sammansättningar träffar ett Ulla-.

Men då detta mansn. i det hela är ganska sällsynt, särdeles i den hos ortn. stående formen med *u*, synes det föga troligt, att det ingår i något betydligare antal ortn. Då gudens namn däremot med säkerhet ingår i en mängd sådana, är största sannolikhet därför, att det äfven utgör beståndsdel i öfriga namn, som börja på samma sätt, och som med afseende på sin sista led erbjuda likhet med sammansättningar, i hvilka andra gudan., såsom Oden, Tor, Frö, ingå. Jag har derföre härnedan upptagit samtliga dylika ortn., jag funnit.

Upl. *Vllarakir* (prouincia), DS III, 147 (1314; äfven Vllæraker III, 274, år 1316, Wlderaker III, 228 i en afskr.), nu Ulleråkers här.; tingsstället bar ursprungligen samma namn, formen Ulleraker anföres därför hos Styffe från 1323; i hundaret låg ock kronogodset Husaby-Ulleraker (1345), nu Husby, Styffe; *Vllerakyr* par. Symbetunum, DS V (1346), äfven Vlderaker, SRP (1389), nu Ulleråker, Simtuna; *Vllabolstad*, DS III (1316), nu Ullbolsta, Jumkil: *Ullabride*, SRP (1353), "k. Ullbro i Tillinge"; *Ullfors*, Tierp; *Vllatunum*, DS IV (1335), nu Ultuna, Bondkyrko s., Ulleråkers här.; *Ullevi*, Bro.

Heimskringla, Ol. S. Tryggvas. k. 53, där trälen Kark drömmer, att någon säger honom, att Ulli var död, hvilket Håkon Jarl uttyder så, att hans son Erlend månde vara dräpen. Vigf. vill här fatta Ulli som deminut. af Erlend. Äfven här synes dock Ulli kunna vara gudens namn.
[1] Möjligen råder sammanhang med det fty. namn Uldila, som af Förstem. föres under vulþus.

Ulls namn torde ock ingå i *Vlstatum* (Sueno de V.; af ett Ullstadha?), DS III (odat.), Ekeby, samt i *Ullentuna*, Skepptuna. Ett par andra möjligen hithörande namn äro *Vldun* (för *Uldvin?), DS IV (1331), nu Ulna, Ö. Ryd, (den nuv. formen förekommer redan a. a. s. 457, år 1335, "in Vlnnoo", och V, 322, "in Vlnu"), och *Ulsa* (för Ullstadha?) i "de Vlsum", DS V (1344), Lena, enligt reg. möjligen nuv. Uggelsta.

Sdm. *Ullælund* ("i Jæþirs sokn . . . i Vllælunde", DS V, år 1344); *Wllalundum*, SRP (1356), nu Ullunda, Ytter-Selö; *Ullawi*, SRP (1366), nu Ullevi, Gåsinge; *Vllæui* par. S. Nicolai, DS IV (1330), nu Ullevie; *Wllaui* "in par. Sorunde", DS IV (1331), nu Ullevi; *Ullevi*, Vingåker.

Ullaberg, Björnlunda har erhållit sitt namn först i nyare tid.

Ner. *Ullavi*, Kil (en borglemning i Kil kallas enligt Hofberg Ullaviklint); *Ullavi*, Sköllersta.

Hit hör möjligen ock Wluardha (Ulvardha), SRP (1384), som i reg. förmodas vara nuv. Urvalla, Götlunda.

Vml. *Ullnäs*, Grythytte; *Ullersäter*, Näsby; *Vllawi*, SRP (1389), nu Ullvi, lrsta (i samma bref förekommer ock ett Vllaby, som i reg. anses felskrifvet fór Vllavy samt äfven motsvara nuv. Ullvi); *Ullvi* (Ulfvi), Köping; *Vllawy*, SRP (1382 m.m.), nu Ulfvid, Munktorp.

Hit hör möjligen ock Ulsa ("in Vlssum"), DS IV (1330), gård under Vesterås kyrka.

Dal. *Vllevi* D. Dal. (1450 m.m.), nu Ullvi, Leksand.

Ångml. *Uldanger* s., Styffe (1316), nu Ullånger.

Ovisst är, om Ullbergsträsk, Jörn, **Vb.**, kan höra hit.

Värm. *Ullvettern,* sjö i Bjurkärn (Örebro län); jfr namnet på den dermed sammanhängande sjön Frövettern; *Ullærö, Nidhra* och *Öffra,* socknar, Styffe (1440; Ulþær ö, VGL), nu N. och Ö. Ullerud; *Ullerörsälfven,* det gamla namnet på Klarälfven; DS I, 605 (1282) förekommer "in ampne Wllærørh."

Måhända hör ock Ulleshyttan, Gustaf Adolf, hit. Ulleberg, Karlstad, kan vara ungt.

Dalsl. *Ullerö,* gård under gamla Nes s., Styffe s. 137 not 1 (1421; i sammanhang härmed nämnes i samma pergamentsbref en gård Odhensö), är väl samma ställe som nuv. Ullerön, Ed. Dessutom upptar Lignell *Ulldaln,* Rölanda, och *Ullön,* Tydje.

Vg. *Ullarydh* i Kinds här., SRP (1383); *Ullasyo* s., Styffe (1413), nu Ullasjö; *Ullersund,* Senäte; *Ullstorp(?),* Forshem; *Ullervi* s., Styffe (1278), nu Ullervad; jfr ock Ullærvis bro, bro öfver Tidan vid Ullervad, VGL. Hit hör ock *Ullene* s., Styffe (1449), nu Ullened, i hvilket namn vin synes ingå; i denna socken ligger en gård Ullevi.

Ullstorp, Hagelberg, hade enligt Silfverst. D. I, 274 förr formen Vlffstorp.

Ög. *Ullabolstad,* SRP (1367 m.m.), nu Ulberstad, Skärkind; *Vllakalf,* SRP (1386; dat. Wllakalfwe 1384), nu Ullekalf, Högby (är Vllacalff, "col. sub Öjabro", ort i Härberga, DS IV, år 1337, att sammanställa härmed?); *Vllastempna(?),* DS III (1317), nu Ullstämma, Landeryd; *Wlzthorp(?),* SRP (1385), nu Ullstorp, Ö. Ryd; *Ulleved,* Hogstad; *Ullawi,* SRP (1376; skrifvet Vllaui 1399), nu Ullevi, Järstad; *Ullavi,* SRP (1381), nu Ullevid, Kimstad; *Wllaui,* DS III (1318) samt flerestädes i medeltidshandlingar, hvarest äfven skiljes mellan Lilla och Stora U.; nu Ullevi, S. Lars; *Ullervi,* DS III (afskr.; äfven Vllaui, SRP, 1385 m.m.), nu Ullevid, Örberga;

Vlælue (dat.), SRP (1360), nu Ullälfva, Törnevalla; *Vlælwom* (dat.), SRP (1358 m.m.) nu Ullälfva, Örtomta (troligen samma ort skrifves Oldhelfdhum år 1361).

Ett osäkert ord är *Vlsbyrgh*, SRP (1354), "tr. Ulfsberg i Gammalkil", då det möjligen är samma ställe, som i SRP (1393) förekommer under namnet Wlfsbergh. — Ett endast skenbart hithörande ord är Ullstorp, Fifvelsta, enär fornformen enligt SRP är Ulfsthorp.

Sm. *Vllaui* par. Vestirwik, DS IV (1340) m.m., enligt reg. nuv. Ullevi, Gamleby, K.

Hit höra möjligen ock *Ulznæs* (i texten "origt "Utsnäs), SRP (1380), nu Ulfsnäs, Öggestorp samt de hos Hyltén-Cav. nämda *Ulzarydh* (I, 96) och *Ulsryd* (II, 369). Mycket osäkert är på grund af sitt enkla *l* Ulaas, SRP (1382, nu Ulås, Voxtorp.

Öl. *Ullevi*, Gårdby.

Sk. *Ullatofta*, äldre Wlletoft, Ö. Sallerup; måhända ock Ullebergskrok Svedala, Ullarp, äldre Wllerup, V. Vram, Ullstorp i Hör och Önestad (se Falkm. 186).

Ulstorp s., Styffe (1435), nu Ullstorp, är osäkert, då sidoformen Ulffstorp förekommer så tidigt som 1508. — Ulleröd, Hammarlunda, hette enligt Falkm. förr Ylleröd.

Hall. *Ullaryth* s., Styffe (1334), nu Ullared.

Bohusl. *Ulleråker*, Hjerthem, fordom Ullarakr (Holmb. III, 59).

Njord

J ag återger på detta sätt, såsom man ända till nyaste tid vanligen plägat, namnet på den gud, som på isl. kallades *Njörðr*. Den fsv. nom. formen lydde antagligen *Niorþer*. Ordets vokalförhållanden svara mot dem i hjort, jord m.fl. ord. Den nu stundom använda formen Njärd är bildad dels med tanke på med gudens namn sammansatta ortn., i hvilka dock en gen., älst *Niarþar*, ingår, dels efter mönstret af det tämligen ensamt stående fjärd, hvarest genitivens vokal synes ha inträngt i nom.

Denne gud, om hvilken det i Vafþr. v. 38 heter: "hofum ok hörgum hann ræðr hunnmörgum", tyckes äfven i Sverge, att döma efter de rätt talrika efter honom nämda orterna, varit föremål för ganska ifrig dyrkan. De hithörande ortn., hvilka jag funnit, äro:

Upl. *Närdinghundra* här., Nærdhingiahundæri, DS III, 148 (1314), äfven Nihærdhungahunder III, 269 (1316), Nærdhundæri V, 44 (1341). I detta namn ingår uppenbart gudens namn blott medelbart (ty på den sist nämda enstaka formen synes ingen större vigt vara att lägga), snarast väl ett däraf bildadt patronymiskt ord. Jfr ock namnet på den i här. belägna sjön Närdingen. *Nœrdhalundum* par. Aeækrö, DS IV, 141 (1329) m.m., nu Närlunda, Ekerö; *Nœrthastaff*, SRP (1354), nu Nälsta, Spånga; *Nierdhatunum* s., DS II, 265 (1298; äfven Nyærdhatunum III, 64, år 1312, Nerthetunum II, 124, år 1291, Nerdhatunum III, 14, år 1311, Nardhetunum IV, 409, år 1335, m.m., nu Närtuna.

Äfven *Nærdhasten*, DS II, 259, synes tillhöra Upl.

Sdm. *Nærdhelunda*, Styffe (1414; äfven Nerdalund, SRP, 1366), nu Närlunda, Gåsinge; *Nærdhalunda*, SRP (1366), nu Närlund, Husby-Oppunda; *Nerddestum*, DS IV (1334), nu Nälsta, Ytter-Selö.

Ner. *Nærdhæwi*, DS V, 693 (1347; jfr ock SRP år 1390), nu Nalavi,[1] Kräklinge; *Nærdhæwi* par. Vigby, DS V, 660 (1347; äfven Nærdawi SRP år 1385), nu Nalavi, Viby. Det DS I, 506 nämda "Nærthawi in Nærichia" är väl en af dessa orter.

Vml. *Nerdalunda*, SRP (1386; Nærdhalunda 1392), nu Närlunda, Badelunda.

Jämtl. *Wllfer i Niærda* nämnes DS IV, 302 (1333).

Ög. *Nærdhawi*, SRP (1379), "k. Närby, Drothem"; *Nærdhawi*, SRP (1374), nu Mjärdevi, Hagelstad; *Nyærdhawi*, SRP (1355), nu Mjärdevid, Slaka.

Bl. Här bör möjligen upptagas det till gudens namn säkert hörande *Niærdholm* Vald. Jordeb. 51, hvarom s. 138 yttras: "Mon det kan være Norje by i Ysanna sogn (Ysane, Bl.), der ligger på en holm, i Lister herred?"

Egendomligt är, att i de anförda orden redan i fsv. *i* efter *n* vanligen saknas. Detta beror dock säkerligen ej på frånvaro af brytning, utan därpå att ljudförbindelsen *ni-* med följande vokal varit svår att uttala. Något med *nia-* eller *niæ-* böljande fsv. ord har jag ej träffat (frånsedt det gotl. niauta). Betraktar man de tämligen analoga orden med ursprungligt *niu-*, visar det sig, att nysv. visserligen stundom har kvar *j*, men att språket ock i några fall befriat sig från den hårda ljudsammanställningen genom sammandragning af *iu* till *y*. Så har

---

[1] *ä*-ljudet har såsom i *vara, kvarn* m.fl. ord framfor *r* förändrats till *a*, och *rd* har, såsom ofta dial., öfvergått till *l*, ursprungligen väl "tjockt".

nysv. nyra jämte njure (den förra formen redan i fsv., Rdq. II, 230), vanligen nypon för njupon, alltid nypa, nysa för äldre niupa, niusa (men njuta). Sannolikt har derför i detta ord för underlättande af uttalet *i* bortfallit på samma sätt som i nysv. bärga, äldre biargha, biærgha.

Ti (Tyr)

Namnet på den gud, som på isl. heter *Tyr*, träffas i sv. i några sammansättningar, af hvilka visar sig, att ordet här har den ursprungligare vok. *i* bevarad.

En af dessa sammansättningar är namnet på den tredje veckodagen, *tisdagen*. Ordet träffas i äldre sv. i Med. Bib. I, 68: "diem martis, som wi kallom *tiisdagh*, thy at han dyrkadhis fore örlöghis gudh." Så ock i Ordspr. utg. af Reuterd. s. 43: "*Tiisdagh* ær tima dagh."

Efter guden är vidare växten *tibast*, Dapne mezereum, uppkallad. Dial. träffas äfven former sammansatta med en gen.; så dal. *tisbast, taisbast*; på samma sätt är ock hels. *tistbast* att förklara (se Rietz, äfvensom Runa 1845, s. 59, där en mängd dial. former äro anförda). Andra dial. former äro *tir-, tirs- bast.*[1] Jfr no. ty-, tys-, kjus- bast (Aasen). I äldre sv. förekommer enligt Rietz ock *tivedh*, hvartill äfven dial. motsvarigheter finnas; jfr no. tyvid, tived. Ett annat dial. namn är *taisbär* (dal.). Barken kallas i Jämtl. *tivebark*.

Gudens namn synes vidare ingå i kvinnon. *Tifriþer*: **tifrit** (ack.) L. 1000, latin. *Thifridis* DS III, 93, *Tifridis* om olika kvinnor III, 96, 701, IV, 105. — Ett möjligen

---

[1] *r* är här utan tvifvel det stelnade nom. märket; jfr da. Tirsdag.

hithörande mansn. *Tibrander* synes ingå i det jämtl. ortn. Tibrandsholm (Styffe, s. 354).

Ett ortn. finnes, i hvilket gudens namn säkerligen ingår, nämligen *Tiveden*, fsv. Tiviþer (VGL), DS I, 738 (omkring 1270) Tyvid, V, 562 (1346) Tyuiþ; i de sista fallen utmärker troligen *y*, såsom så ytterst ofta i gamla diplom, ljudet *i*.[1] — Andra sv. ortn. börjande med *Ti-* finnas ock, men i dem torde i allmänhet, såsom man vanligen antager, ingå ett motstycke till isl. þy, trälinna, þir Rigsþ. 10 (jfr þyborinn, fsv. þiþborinn, VML, þybarn, VG och GL); särskildt synes detta vara fallet med ortn. sådana som Tiarp, Tierp.[2] Åtminstone kan saken ej närmare afgöras, då man ej har fornformer, genom hvilka kan bestämmas, om begynnelseljudet älst varit *t* eller *þ*. — Grimm upptar s. 180 såsom hithörande de sv. ortn. Tistad, Tisby, Tisjö.

Måhända fins på ett ställe gudens namn äfven ensamt stående bevaradt. Efter denne gud var ett af runtecknen uppkalladt. Ett intyg om, att äfven i Sverge förhållandet varit sådant, kan möjligen ligga i den gotl. runinskriften 101, där det enligt Säve som tidsbestämning står: "**k suntahr tir brim** (d. ä. prim). Här är det dock, såsom Säve påpekar, äfven möjligt att upplösa **t ir** (verbet *är*). Hvilkendera tolkningen som bör föredragas, är knappt möjligt att afgöra.

Det *Tyr*, som af Hyltén-Cav. anföres I, 234, II, X, vågar jag ej föra hit, då dess ljudförhållanden mycket skilja sig från hvad man enligt ofvan anförda former närmast har att vänta.

---

[1] I det sist anförda brefvet skrifves t. ex. drøtnyng, tymi, fynnæs m.m.
[2] Tibble s., Upl., hette förr Thigbile, Styffe (1343).

Balder

I Snorraeddan heter det: "eitt gras er svá hvitt at jafnat er til *Baldrs brár*". Man träffar ock i södra Sverge liksom i andra skandinaviska länder på några växter (Anthemis cotula, Pyrethrum inodorum, Matricaria m.fl.) namn, som förutsätta grundformen *baldersbrå*. Rietz uppger från Bl. ballerbrå, från Sk. baldersbrå (väl en normaliserad form), ballersbrå, ballerbrå; Hyltén-Cav. I, 285 från Sk. ballingsbro, från Sk. och Värend balsebro. Runa 1849 s. 21, där denna växts namn omtalas, heter det: "För närvarande äro nästan blott vrängningar deraf gängse, såsom: Ballensbro, Balsebro, Barbro m.fl." — Härmed kan man jämföra de hos Aasen anförda no. formerna balder-, baldur- braa, balderblom m.fl., nyisl. baldursbrá, färö. Baldurs braa (Runa).

I ett rim, som Runa 1842 s. 44 anföres efter Wessman och Sjöborg, förekommer namnet *Balder*, och det synes ej osannolikt, att häri innehålles en fördunklad hänsyftning på striden mellan Balder och Höd. Visans ålder synes dock ej kunna närmare bestämmas.

Ovisst är, om mansn. **stüfbaltir** L. 734 har med gudens namn att göra. Om Balders namn ingår i ortn., är ej fullt säkert. *Baldræstum* (dat.) DS III, 221 (1315), nu Ballersta, Halla, Sdm., torde höra hit; måhända ock *Baldringe* s., Sk. Jfr Falkm. 108. — Nuv. Ballersta, Kumla, Ner. hette förr Baldastom (dat), SRP (1375), och Ballersberg, Ukna, Sm. Baldesberg, SRP (1383), hvarigenom deras sammanhang med gudan. blir tämligen tvifvelaktigt. Nysv. namn, som möjligen kunde ifrågakomma, äro Ballersjö, Åsbräcka, Vg. och Balderum, Vånga, Ög. Grimm nämner 1210 ett Baldursberg (?) i Sk. Freudenth. anför från år 1667 Balderö, Sund, Åland. Balders-näs, Steneby, Dalsl. är väl en ung form; Lignell anför sidoformen Ballnäs.

Öfriga gudar

De intyg om sådanas dyrkan, som synnerligen åtskilliga sv. ortn. kunna tyckas innebära, äro af tämligen osäker art.

Man träffar flere äldre ortn. börjande med *Hadh-, Hadha-* (äfven *Hadhi*). Sådana äro: *Hadaberghum*, Alunda, Upl., DS III, 93; *Hadhastum* IV, 539 (1337), nu Hasta, Fogdö, Sdm.; *Hadhastum*, SRP (1352), nu Hastad, Götlunda, Ner.; *Hathesta*, SRP (1352), "tr. i Åkerbo här.", Vml.; *Hadhaheda*, SRP (1400), nu Haghed, Kopparberg, Dal.; *Hadhwas* s. Styffe (1410), nu förenad med Ryda, och *Hadhwet* DS III, 146 (1313), nu Hafvet, Sättila, båda i Vg.; *Hadhistadum* DS III, 128 (afskr.), nu Haddesta, Harsta, Ög.; *Hadhvala*, SRP (1377), Finl. Det är möjligt, att dessa stå i sammanhang med namnet på guden **Had** eller **Höd**, isl. *Höðr*, Saxos Hotherus. Men man kan ock tänka på sammansättning med ett mansn., då man träffar *Høthir* användt som sådant i Upl., DS III, 89. — Personn. *Hødheluer de Gelestum* och *Hødelf de Dreglingi* (båda DS III, 94) synas mig vara sammansatta med ett appell. **hödh* strid; jfr de fht. namnen på Hadu-, de ags. på Heaðo-.[1]

I *Bragasæter* s., Styffe (1430), nu Brastad. Bohusl., ingår måhända guden **Brages** namn. Jfr ock Falkm. 113. Bragi förekommer dock i isl. äfven som namn på män, t. ex. på en mytisk skald.

---

[1] Måhända förtjänar det någon uppmärksamhet, att båda dessa personer äro från Alunda, Upl., hvarest en gård just bär ett med *Hada*-börjande namn (se ofvan). — Namnens genus syns ej; antagligen äro de kvinnon.; jfr s. 25, noten.

I ortn. *Widarsleff*, s. i Sm., Styffe (1339; äfven Wetherslöff, 1402), väl ock i *Widhersrum* s., Sm. K., Styffe (1418), nu Virserum, ingår ett namn *Viþar*, som dock, åtminstone i förra fallet, snarare torde vara mansn. än gudan. — Om Vidar och Vale som namn på konungar i folksägnen se Hyltén-Cav. H, 332.

Därvid att *Hærmoþer* förekommer som mansn. (**hirmuþr** L. 932, **h(ai)rmuþ**, ack., L. 1196; jfr det latin. *Hærmodus* DS 1, 445) vågar jag ej här lägga någon vigt.

Loke

Ehuru Loke ej egentligen tillhör gudarne, må dock på grund af den nära förbindelse hvari han tänktes med dem, i Sverge förekommande spår af hans namn här behandlas[1].

---

[1] Namnet Loke anser jag vara att härleda ur verbet *lúka* stänga, tillsluta, med betydelsen den tillslutande, innestängande — jfr (hring-) broti af brjóta, (and-) skoti af skjota m.m. —, d. v. s. den som håller regnet innestängdt i molnet. Jag anser nämligen Loke ursprungligen ha varit en den brännande sommarhettans demon, att sammanställa med den indiske Vritra, den som omhöljer, innesluter (nämligen regnet). Den förbindelse hvari Loke onekligen står med elden synes mig utvecklad därur, att han ursprungligast tänkts ha sitt tillhåll i molnet, hvilket, såsom utgångspunkt för blixten, kunde fattas som fyldt med eld (se Geirrödsmyten). Skildringen af Loke i klipphålan "und hveralundi" af Sigyn skyddad för den ofvan hängda ormens etter, anser jag utbildad ur följande urgamla naturmytiska beståndsdelar: den i molnberget bättrade molndemonen; det som orm uppfattade regnet (indernas ahi, eljest i den nord. mytologion motsvarad af Midgårdsormen, Lokes son!); samt molnmön i molnberget med sin skål i handen (jfr den i berget instängda, skaldemjödet bevakande Gunnlöd samt de dryck kringbjudande valkyrjorna). — Ett stöd för denna förklaring af Lokes namn finner jag i namnet på hans son *"Nari eða Narvi"* (äfven Narfi; Snorraeddan; jfr Bugge, Edda, s. 422), säkerligen en hypostas af Loke själf; detta namn är att, såsom Bugge, Edda, s. 891 förklarar -*nari* i aldr-nari, i sammanhang med ags. nearwian tolka den hopklämmande (innestängande). Namnet på en annan son till Loke, *Vale*, synes mig vara att sammanställa med ind. Vala, ett annat namn på Vritra. — Skälen för denna uppfattning af Lokes väsen hoppas jag för öfrigt snart få på annat ställe utförligare framställa.

I folkvisan om Torkarls hammare nämnes, motsvarande Þrymskviðas "Loki Laufeyjar sonr", *Locke Lewe*, i en annan handskrift *Locke Loye*; se Arwidsson. Såsom förut påpekats, är det dock ej afgjordt, huruvida denna visa ursprungligen blifvit till i Sverge.

Ett åkallande af Loke synes älst ha innehållits i en vers, som i Sm. brukat uttalas af barn, under det de kastade i elden en tand, som de fält. Hyltén-Cav. uppger I, 235 formen "*Locke, Locke*, gif mig en bentand! Här har du en guldtand"; äfven "*Locke, Locke, Ran*, gif mig en bentand för en guldtand." Rietz anför: "*Låkka-ramm!* ge mej en ben-tann i st. f. en gull-tann."

Ovisst är, om det i Götal. och Finl. flerestädes förekommande *lokke, låkke* spindel (Rietz) kan vara samma ord som Lokes namn. Därför synes tala, att Loke i Snorraeddan skildras såsom nätets uppfinnare, äfvensom att spindeln af allmogen betraktas som ett slags mytiskt väsen (han kallas t. ex. äfven dvärg); men det enligt Rietz i fsv. förekommande skrifsättet med *kk (lokki, lukki* spindel; häraf lukkawæfver, lukka ether) tyckes ange, att vi här hafva ett annat ord.

Man har framstält den meningen, att de på åtskilliga ställen i Sverge före-kommande orter med namn på *Locka*- o. d. (från äldre tid kan jag bl.a. anföra *Lukabol* DS V, 43, år 1341, nu Lockbol, Film, och *Locastum* IV, 43, år 1328, nu Lockesta, Husby-Långhundra, båda i Upl.) skulle vara uppkallade efter Loke; se Hyltén-Cav. I, 136. Rimligare synes dock den här af förf. själf uttalade åsigten, att däri ingår mansn. "Locke" (se rörande detta a. a. I, 98; som mansn. förekommer **luki** L. 1183, 1189).

En förtäckt hänsyftning på Loke synes ligga i det sv. dial. förekommande *pukhafre* Polytrichum commune. Då nämligen denna växt i Jutland kallas "lokkens havre", är det troligt, att i Sverge det dial. vanliga *puke*, ond ande, trädt i st. f. namnet på Loke, efter hvilken växten förmodligen fordom allmänt varit uppkallad (se Runa 1849, s. 23). — Liknande är möjligen fallet med det dal. *liot'agär*, Avena fatua, då denna på da. äfven kallas "lokkens havre"; jfr dal. ljot'n, hin onde.

Om Lokes i eddorna förekommande binamn *Loptr* ingår i sådana ortn. som *Loft aas* DS III, 160 (1314; äfven Lupthas s. 540, år 1322), nu Loftås, Fryeled, Sm., kan svårligen afgöras.

Frigg

D enna gudinnas namn förekommer i äldre sv. i Med. Bib. I, 68: "siwnda dagh kalladho hedhne romara diem veneris oc ware forfædher fredagh aff *frig* drötning odhins kono".

I likhet med den här uttalade uppfattningen antar Säve, gudan. 77 noten, att det är denna gudinnas namn som ingår i *fredag*, fordom *freadagher, friadagher, fredagher* (se Schlyters glossar). Såsom han påpekar, är det på grund af ljudförhållanden olämpligt att här antaga sammanhang med Fröja. Visserligen har det med sistnämda gudinnas namn till ljud identiska nord. freya, härskarinna, i den fsv. sammansättningen husprea, VGL, bragts till en viss likhet i vokalljud med *frea-* i freadagher. Men den ljudförsvagning, som kunnat drabba en svagare betonad sista sammansättningsled, för därför ej utan vidare antagas för en betonad begynnelsestafvelse; och en jämförelse af freadagher med isl. *frjádagr* samt dal. *friådag*, hvilka ej kunna sammanhänga med Freyja, visar, att det förra ej är någon stympad form (jfr fsv. sea, sia med isl. sjá, dal. siå, tea med tjá o. s. v.[1] I GL, där husprea motsvaras af husfroyia, är för öfrigt dagens namn *friadagr* (nygotl. *fridag*). — Äfven skulle ändeisen *a* i *frea-*, om detta utginge från ett svagt fem., vara märkvärdig.

---

[1] Det i SRP n. 2962, 2963 (1399) förekommande *freiadagin* synes vara att jämföra med former sådana som seia o. d., så framt man ej får tänka på yngre tyskt inflytande. — Skrifsättet *fregedagen* DS III, 485 afskr. skall möjligen återge liknande ljudförhållanden.

111

För antagandet af sammansättning med Frigg talar däremot förhållandet i andra germ. spr. Den mot henne svarande gudinnans namn ingår nämligen säkert i ty. Freitag, fht frîatac, frîjetac, nederl. Vridag, under medeltiden vrîdach (äfven vrîndagh), ags. frigedäg, ffris. frigendei (se Grimm). — Härmed äro dock ej alla svårigheter häfda. Det är väl sant, att *gg* i Frigg ej är ursprungligt, utan på nord. ståndpunkt framkalladt af det till stammen hörande *j;* men det vore dock högst besynnerligt, om gudinnans och den efter henne uppkallade dagens namn skulle visa helt olika former. Därtill kommer, att äfven i detta fall det slutande *a* vore besynnerligt, enär de öfriga med gudan. sammansatta dagnamnen innehålla gen. former (tis-, ons-, tors-dag); man skulle således väntat ett *friggiardagher, åtminstone ett *friardagher.

Då namnen på veckodagarne, liksom tidens indelning i veckor, bero på romerskt inflytande och genom förmedling af andra germ. folk, knappast synnerligen lång tid före kristendomens införande, kommit till norden, ligger det nära att i *frea-, fria-,* isl. *frjá-* se en tysk lånform. Så har Vigf. gjort. Men då han med antagande af lån från ags. sammanställer ags. freá, isl. Freyr (se under dagr, frjádagr), kan jag ej följa honom. Det ags. namnet på motsvarande dag var ju frigedäg,[1] hvari säkerligen gudinnans nämn ingår; för sammanhang med guden Frey talar mig veterligen ej någon analogi. Jag är mest benägen att anta inflytande från de i söder boende tyska stammarne, snarast från den nedersax.; måhända kan dock ordet utgå från en äldre ags. form. Och det synes mig sannolikt, att dagens namn med begynnelsen *fria-* upptogs från dem på en tid, då gudinnans Friggs namn i norden redan erhållit den form, under hvilken det sedan uppträder, med förslag af *gg* framför stammens *j*. Olikheten i ljudform blir på detta vis lätt att förklara.

---

[1] Äfven frigdäg; se Bosworth. g utmärker väl här, som så ofta i ags., *j*-ljud.

Är denna uppfattning riktig, följer naturligtvis däraf, att i fredagens namn ej ligger något direkt intyg om en fsv. dyrkan af vare sig Frigg eller någon annan gudinna. Att Frigg varit dyrkad af svenskarne, framgår emellertid af andra säkra bevis.

Frigg hör till de mycket få gudomligheter, af hvilka ett bestämdt minne till senare tid fortlefvat hos allmogen. I den värendska folksägnen förekommer hon enligt Hyltén-Cav. såsom *Frigg* eller *Frigge*. Hon tänkes här som Tors hustru[1] och nämnes tillsamman med honom i uttrycket "helga Toregud och *Frigge*", om torsdagens helighållande, a. a. I, 188. Man har trott, att Frigge i sällskap med Tor om torsdagskvällarna såsom en gammal käring gör besök i husen, och att då "Toregud och *Frigge* spinna". — Som *Frygge* nämnes hon i en af Rääf i norra Sm. antecknad läsning mot floget hos hästar.

Gudinnans namn ingår ock i det i Vg., Ög. och Sm. förekommande namnet *friggerocken* om stjärnbilden Orions bälte; Rietz; formen *friggetenen* anföres af Hyltén-Cav. I, 237. Detta namn antyder ock, att man tänkt sig Frigg såsom vårdande sig om kvinlig slöjd. — A. a. I, 304 nämnes ock en form *fröjerocken*; här synes stjärnbilden vara uppkallad efter gudinnan Fröja, ehuru det ej är omöjligt, att denna form utgör en ombildning af den ofvan nämda, då namnet på socknen *Friggeråker* af allmogen lär uttalas såsom *Frejeraker*.

Samma stjärnbild kallas i södra Sk. enligt Rietz *marärokken*. Uppenbarligen har man här en lemning af det gamla hedniska uttrycket omplanteradt i kristet-katolsk jord. I analogi därmed är det högst troligt, att äfven andra af de hos folket brukliga uttryck, i hvilka jungfru Marias namn ingår, bildats efter äldre

---

[1] Helt visst ett yngre drag, då den isl. framställningen af Frigg som Odens maka stämmer öfverens såväl med Saxos uppfattning och det anförda fsv. yttrandet som ock med en hos Grimm 122 f. omnämd ty. sägen upptecknad af Paulus Diaconus och andra, enligt hvilken Frea var Wodans maka.

hedniska, hvilka i st. f. Marias innehållit Friggs (eller möjligen Fröjas) namn. Så då på Island namnet friggjar-gras användes om Orchis maculata, är det nästan säkert, att de i sv. dial. förekommande Jungfru Marias bröst, hand (äfven J. Marias och Skams hand), fot, rock, handskar, förkläde, nycklar (se Runa 1845 s. 76, samt 1850) hänvisa på, att denna växt en gång äfven i Sverge varit egnad åt Frigg.[1] Anmärkningsvärdt är uttrycket Jungfru Marias *rock*, såsom erbjudande ett motstycke till den nyss nämda stjärnbildens namn. — Jfr ock Hyltén-Cav. I, 237 f.

Af gudinnans namn torde vidare det gamla mansn. *Frigge* vara bildadt. Det träffas latin, såsom *Friggo* DS III (1323); det synes ha varit sällsynt.

Ett sv. ortn. fins, i hvilket gudinnans namn med visshet ingår, nämligen *Friggeråker* s. i Vg., äldre Frigiæraker DS 111, 5 (1311), Friggiæraker, III, 594 (1323). Samma ort afses troligen med uttrycket i *Friggiærone* (för *-öne*, af *ö?*) om en kyrkplats, VGL IV. Troligen hör ock hit *Friggersthorp*[2], SRP (1399; formen Frögisthorp af år 1369), nu Friggestorp, Kisa, Ög. Andra namn, som möjligen kunde komma i fråga, äro Friggesund, Gunnilbo, Vml., *Friggesund*, Bjuråker, Hels., *Friggesby*, Kyrkefalla, Vg., *Friggestorp*, äldre Friggisthorp, SRP (1392), Åsbo, Sm., *Friggestorp*, Linneryd, Sm. (af Hyltén-Cav. II, 280 förklaradt af mansn. Frigge), *Friggestorp*, äldre Friggisthorp, SRP (1383), Gärdserum, Sm. K., de gotl. *Frigg-gårds* och *Friggsarve* (enligt Säve, gudan.), Sk. *Friggestad*, V. Vram och *Friggatofta*, Göinge-Broby, samt de finska *Friggeberg*, Karis och *Friggesby*, Kyrkslätt, i Nyland (Freudenth.) Men någon egentlig beviskraft kan ej tillerkännas dessa, då i dem det gamla mansn. Frigge kan innehållas.

---

[1] Anmärkas bör, att växten på lat. varit kallad "digitus Veneris."
[2] Jfr den dial. gen. *hännars* af det fem. pers. pron.

Öfriga gudinnor

N ågot fullt säkert språkligt intyg om, att **Fröja** varit känd i Sverge,
känner jag ej. Ty det är naturligtvis ej förhållandet, att, såsom i
Ynglingas. säges, hederstitlarna freyja, húsfreyja, till hvilka ju ock sv.
har motstycke, utgå från gudinnans namn, utan i dem har ordets ursprungligare
betydelse härskarinna bevarats. Ortn. på *Fröia-* synas vara att föra åt annat håll;
se s. 88. I visan om hammarhämtningen nämnes "jungfru *Froijenborg*"; men om
denna visas underordnade värde såsom källa för sv. förhållanden har förut
talats. — Mycket möjligt är, att en del af de uttryck, i hvilka — det ursprungligen
som lån inkomma — ordet *fru* ingår, älst syftat på denna gudinna; jfr hvad som
ofvan yttrats om Frigg.

Skades namn synes ingå i ortn. *Skadevi*, Häggeby, Upl., väl ock i *Skadalunda* "k.
Skärlunda i Löts s. Ög.", SRP (1377). Det rätt vanliga ortn. Skedvi o. d., äldre
Skædhvi, hör däremot sannolikt ej hit. Dels vore i sådant fall första stafvelsens
vokal svårförklarlig, dels har Arnesen i Kuhns Zeitschr. gjort det sannolikt, att däri
innehålles ett mot isl. *skeið*, plats för kappspringning, lekplats, svarande ord.

Knappast får man här tänka på ortn. Skadath, "præd. eccl. Ups." DS III, 116
(1313), Scaddath, V, 352; Skalunda, SRP (1391), nu Skalunda, Sköldinge, Sdm.;
Skalander, VGL, nu Skalunda, Vg.

Det redan förut, s. 61, ur en vall-låt från norra Bohusl. anförda *Skivers* eller
Stivers man ("Socke-Thore"), synes vara en vrängning af det gamla "Sifjar maðr"

(Tor) och således innehålla ett minne af *Sif.* Påpekas måste dock, att det blott är från ett fordom no. landskap jag känner ett sådant. På de sv. ortn. Syfwiæsund DS II, 218 (1296; väl i Sdm.), Siviavadh SRP (äfven andra namnformer), nu Säfva, Balingsta, Upl. o. d. vägar jag här ej lägga någon vigt.[1]

I ortn. Nontuna, Danmark, Upl., äldre Nanætunir (så flerestädes i DS, t. ex. III, 249) vågar jag ej se namnet på *Nanna*, Balders maka; sannolikt ingår däri det mansn., som skrifves Nanny DS III, 95, Nanæ (dat.) III, 17. Snarare kunde mansn. *Nannolf* Silfverst. D. I, 11 (1401) vara bildadt af gudinnans namn.

---

[1] I dem ingår sannolikt en gen. pl. af ordet säf, isl. sef, neutr., med dubbelt *i*-omljud (liksom i tiga m.fl. ord).

www.heimskringla.no

Heimskringla Reprint er en serie genudgivelser af bøger, som ikke længere er tilgængelige, hovedsageligt norrøne kildetekster og baggrundsmateriale for disse. Serien udgives som en del af projektet *Heimskringla – Norrøne Tekster og Kvad*, hvis formål er at formidle norrøn litteratur. Projektets hjemmeside – www.heimskringla.no – er i dag den største database med norrøne tekster på internettet.

Indtil videre består serien af disse titler:

1. Hans Georg Møller: *Den ældre Edda* (dansk)
2. Finnur Jónsson: *Snorre Sturlusons Gylfaginning* (dansk)
3. Finnur Jónsson: *Are Thorgilssons Íslendingabók* (oldislandsk og dansk)
4. Olaf Hansen: *Den ældre Edda* (dansk)
5. Diverse: *Vølvens spådom – en antologi* (oldislandsk, dansk, norsk, svensk)
6. Finnur Jónsson: *Kongespejlet – Konungs Skuggsjá* (dansk)
7. Erik Brate: *Eddan – De nordiska guda– och hjältesångerna* (svensk)
8. Gudmundur Thorlaksson: *425 norsk–islandske skjalde* (dansk)
9. Vilhjálmur Finsen: *Grágás – Islændernes lovbog i fristatens tid* (dansk)
10. Adolf Hansen: *Bjovulf og Kampen i Finsborg* (dansk)
11. Finnur Jónsson: *Den islandske litteraturs historie tillige med den oldnorske* (dansk)
12. Axel Olrik: *Ragnarok* (dansk)

13. Vilhelm B. Hjort: *Den gamle Edda* (dansk)
14. Gísli Brynjúlfsson: *Tristram ok Ísönd*
    – en riddersaga på oldislandsk og dansk (norrønt og dansk)
15. Knut Rage: *Chronica Regum Manniæ et Insularum – Krøniken om kongane og biskopane på Man* (norsk)
16. Gustav A. Gjessing: *Den ældre Edda – Norrøne oldkvad fra vikingetiden* (norsk)
17. Finnur Jónsson: *De gamle eddadigte – Første del: Gudedigtene* (norrønt og dansk)
18. Finnur Jónsson: *De gamle eddadigte – Anden del: Heltedigtene* (norrønt og dansk).
19. Jesper Lauridsen: *Snorres Edda – Uddrag af Edda Snorra Sturlusonar* (dansk)
20. Axel Olrik: *Nordisk åndsliv i vikingetid og tidlig middelalder* (dansk)
21. Magnus Fredrik Lundgren: *Språkliga intyg om hednisk gudatro i Sverige* (svensk)